Sender Unknown – Absender unbekannt

von Petra Bartoli y Eckert

Langenscheidt

Berlin · Madrid · München · Warschau · Wien · Zürich

Lektorat: Marion Schweizer
Englischsprachiges Lektorat: Charlotte Collins
Umschlaggestaltung: init.büro für gestaltung, Bielefeld
unter Verwendung von Fotos von iStockphoto

www.langenscheidt.de

Satz: kaltner verlagsmedien GmbH, Bobingen
Druck: Stürtz GmbH, Würzburg

ISBN: 978-3-468-20891-1

12011

Toothaches Are No Fun

"You're **far** too young to go to this party, Frederika."
Wie ich diesen Satz aus Mamas Mund hasse! Eigentlich reicht es mir schon, wenn sie mich Frederika nennt. Welcher feinfühlige Mensch tut seinem Kind so einen Namen an?
Zum Glück nennen mich im Normalfall alle nur Rika. Sogar Mama. Nur wenn es ernst wird, spricht sie mich mit meinem vollen Namen an. Und ernst meint sie es allemal damit, dass sie mich nicht auf die Sommerparty unserer Schule gehen lassen will.
Für alle coolen Sachen bin ich ihr mit dreizehn Jahren zu jung. Um in der Küche mitzuhelfen oder Staub zu saugen bin ich alt genug. Das soll mal einer verstehen! Papa brauche ich wegen der Party erst gar nicht zu fragen. Also unternehme ich einen neuen Anlauf, diesmal mit Strategie. Mama ist nämlich eine halbe Neuseeländerin und bei ihr erreicht man am meisten, wenn man sie in ihrer Muttersprache anspricht. Sie nennt Englisch ihre *soul language*, die Sprache ihrer Seele.
"Look, you're the best mother in the world. Really! And you always know what's right for me, don't you? Well, everybody in my class is going to the summer party. Everyone **from year seven up** is allowed to go."

---

far viel
from year seven up ab der siebten Klasse

Ich sehe meine Mutter flehend an. Aber sie hat ihr Pokerface aufgesetzt, einen nicht zu deutenden Gesichtsausdruck, der mich jetzt wirklich verunsichert. Doch so schnell gebe ich nicht auf.

"And Sarah's father will pick us up when the party's over. He promised. No later than ten o'clock. **Definitely**. And **by the way**, tomorrow is Friday, so **the day after tomorrow** isn't a school day. And **last but not least** the summer holidays are starting in a few weeks. Please, Mum!"

Die Erwähnung von Sarahs Vater zeigt Wirkung. Der Vater meiner Freundin ist Lehrer, glücklicherweise nicht an unserer Schule. Allein sein Beruf macht ihn in Mamas Augen schon zum Heiligen. Sarah ist es immer ein bisschen peinlich, dass ihr Vater zur Gattung der Pauker gehört. Na, sie muss ja nicht wissen, dass ich seinen guten Ruf schamlos ausnutze. Ich beobachte, wie sich Mamas Stirnfalten im Zeitlupentempo entknittern.

Sie atmet tief durch, bevor sie endlich die erlösenden Worte spricht: "All right. If Mr Weger thinks it's okay for his daughter to go to the party, and he's going to bring you back on time, I guess I should let you go **as well**. But you must promise me you'll be home by ten o'clock!"

Jaaa! Ich werde morgen zum ersten Mal in meinem Leben auf die Schulparty gehen! Innerlich reiße ich meine Arme hoch, um meinen Sieg zu feiern. Nach außen lasse

---

definitely bestimmt
by the way übrigens
the day after tomorrow übermorgen
last but not least nicht zuletzt
as well auch

ich mir den Triumph nicht anmerken. Brav drücke ich Mama ein Küsschen auf die Wange und hauche: "Thanks, Mum. You're the best!"
Nun ist Mama geschmeichelt und alle sind glücklich.
Ich hänge mich sofort ans Telefon, um Sarah die frohe Botschaft mitzuteilen.
"I'll only be five minutes", versichere ich Mama, die schon wieder missbilligend dreinschaut. Dann werden es aber doch dreißig. Schließlich müssen wir noch die Klamottenfrage klären. Dafür ist eine halbe Stunde absoluter Rekord!

Das Glück hält nicht lange an, denn am nächsten Morgen gibt es für mich ein schmerzhaftes Erwachen. Und das ist wörtlich gemeint, denn als ich die Augen aufschlage, durchfährt mich ein ganz fieser Schmerz. Er quält meine gesamte rechte Körperhälfte, sodass es einige Augenblicke dauert, bis ich mir sicher bin, woher das Pochen eigentlich kommt. Mein Zahn! Verdammt, tut das weh! Stöhnend drehe ich mich auf die linke Seite und warte darauf, dass Mama kommt und mich bemitleidet.
Als ich nicht wie gewohnt zum Frühstück erscheine, kommt sie hoch und späht in mein Zimmer. "Rika, come on! Did you oversleep?", erkundigt sie sich.
Ich versuche, ihr meine schrecklichen Schmerzen deutlich zu machen. Als ich anfange zu sprechen, kommt nur ein: "I … aah, my pooff!" aus meinem Mund. Mama versteht mich trotzdem. Zuerst streichelt sie mir sanft über die Stirn, als könnte sie keiner Fliege was zuleide tun. Dann holt sie zum K.-o.-Schlag aus.

"Well, you can't go to school today if you're **this** ill. You'll have to go to the dentist. And I guess you won't be going to the school party this evening, either. I'm really sorry, darling."
Ein kleiner Wasserrohrbruch ereignet sich in meinem Inneren. Ich habe echt zu tun, dass sich die Wassermassen keinen Weg ins Freie suchen.
Die Schulparty! Daran habe ich an diesem schwarzen Freitagmorgen noch gar nicht gedacht. Als wären die Zahnschmerzen nicht schon schlimm genug, soll ich ihretwegen nun auch noch das Fest des Jahres verpassen! Ich will gerade widersprechen, als mich ein Stich durchfährt. Aua! Mama hat recht. Ich muss zum Zahnarzt. Schulparty ade!

Als ich vom Zahnarzt wiederkomme, sind meine Zahnschmerzen etwas schwächer. Dafür ist meine rechte Backe ungefähr so dick, als hätte ich einen Tennisball im Mund. Durch die Spritze, die mir der Arzt gnädigerweise vor dem Bohren gegeben hat, fühlt sich alles dick und pelzig an.
Ich hole mir eine Eispackung aus dem Gefrierschrank und lege mich wieder ins Bett.
Mittags bringt mir Mama eine Suppe ans Bett und ich nuschle: "Pub wu bwim me fa pewephom, pweas? I muft paw Fawah." Was so viel heißen soll wie: "Could you bring me the telephone, please? I must call Sarah." Ganz schön anstrengend, mit einem Ball im Mund zu sprechen.

---

this so

Mama grinst. Sehr witzig! Doch dann holt sie das Telefon und sagt nicht mal, ich solle mich kurz fassen. Ich muss wirklich sehr mitleiderregend aussehen.

Schon nach dem ersten Tuten hebt Sarah ab, als hätte sie direkt neben dem Telefon gesessen und auf meinen Anruf gewartet. Hat sie auch! Bevor ich mich richtig melden kann, legt sie gleich los: "Mensch Rika, bin ich froh, dass du anrufst. Kann ich mir heute Abend statt des grünen doch lieber das orangefarbene Top von dir ausleihen? Ich will nämlich die schwarzen Shorts anziehen. Da wirkt Orange einfach besser. Weißt du, als du heute nicht in der Schule warst, dachte ich schon, dir ist etwas Schlimmes passiert. Und ich habe schon befürchtet, dass du heute nicht mit zur Schulparty kannst. Äh … kannst du?"
"Meim", antworte ich leise. Ich fühle mich hundeelend.
"Rika!", kreischt Sarah. "Das kannst du mir doch nicht antun! Wie soll ich denn da alleine hingehen?"
Ich schlucke schwer an meinem Kloß, damit ich überhaupt ein Wort rausbringen kann. Eigentlich bin *ich* doch diejenige, die Trost braucht. Nun soll ich Sarah trösten.
"Abba ef behen boff awe him. Ba bift bu boff nifft aweim!"
Erst an meiner schwer verständlichen Aussprache merkt Sarah, wie schlimm es um mich steht. Sie wird ganz kleinlaut und endlich bekomme ich das Mitgefühl, das ich mir von meiner besten Freundin wünsche.
"Auweia, das hört sich nicht gut an", meint Sarah besorgt.

"Meim, Pfaanfmerpfen höwen fich nift gub am. Bie pum mua weh!"
"Da werde ich heute also wirklich ... Nein, das ist für mich!"
"Waff?", frage ich irritiert.
"Nichts. Nur mein großer Bruder. Der nervt wieder mal, weil er denkt, jeder Anruf müsste für ihn sein. So, jetzt ist er weg und ich bin wieder ganz Ohr."
"Ach fo. Bippe verfpwich mia, baff bu mia awef bemau bewiffpefp", flehe ich Sarah an.
"Hä?" Sarah hat anscheinend kein Wort verstanden.
"Informapfiomem", versuche ich zusammenzufassen.
"Ja, klar doch, Süße! Ich komme morgen früh, sobald ich wach bin, und erzähle dir alles. Haarklein, versprochen. Sagen wir, so gegen zwei Uhr?"
Typisch Sarah! Aber lieber spät als nie, denke ich und verabschiede mich mit unverständlichem Gemurmel. Sarah versteht mich diesmal sofort. Wenn wir noch eine Stunde telefonieren würden, würde Sarah die Zahnweh-Tennisball-Sprache perfekt beherrschen. Aber eigentlich bin ich froh, dass das Telefonat beendet ist, weil mich das Reden echt anstrengt. Nun heißt es also abwarten und Tee trinken, bis ich morgen die Party aus zweiter Hand erleben darf. Schade, schade!
Womit kann ich mich jetzt am besten ablenken? Ich lasse meinen Blick durchs Zimmer schweifen. Auf meinem Nachttisch liegt meine Lieblingszeitschrift *What's New?*. Die habe ich für den English-Conversation-Kurs an unserer Schule abonniert, den ich seit einem Jahr mit Sarah und einigen älteren Schülerinnen und Schülern besuche. Wir lesen dort gelegentich etwas aus der

Zeitschrift und diskutieren darüber. Oder wir quatschen über Songs, Stars oder Filme. Die Stunde ist immer voll in Ordnung, weil ich dort auch die Gelegenheit habe, mal mit jemandem Englisch zu sprechen, ohne über Weggehen oder Staubsaugen zu verhandeln.
Ich greife nach dem Heft und beginne zu blättern. Mein Blick bleibt an einem Artikel mit der Überschrift ***Summertime*** *Is Fun Time* hängen. Klingt vielversprechend.

Summertime Is Fun Time
Summer is the best time of the year for fun, sun and parties! Why not invite your friends over for a barbecue? Or hang out in the park, play volleyball, or just relax in the sun? There are all sorts of things you can do outside now that the days are longer and the weather's warmer. Why not **try out** lots of different things – maybe even some you've never done before! Can't decide what to do? Take our test and find out what **type** you are!

1. The **Sun Worshipper**

- You always prefer to be outside **instead of** sitting in the living room watching TV.
- You always jump out of bed full of energy and run to open the curtains when you wake up in the morning.

---

summertime Sommerzeit
to try out ausprobieren
type Typ
sun worshipper Sonnenanbeter(in)
instead of statt

- **As soon as** the sun shines you immediately feel happy and can't stop smiling.
- If you could, you'd spend all your holidays on a beach with your face turned towards the sun.

If you answered yes to at least three of the four questions, you're a real sun worshipper!

Na ja, Sonne ist super, klar. Aber zwischendurch mal vor dem Fernseher zu chillen finde ich auch nicht übel. Und eine begeisterte Frühaufsteherin war ich noch nie. Ich bin also kein *sun worshipper*. Ich blättere neugierig weiter.

2. The **Sporty** Type

- You hate **couch potatoes** and love fit, athletic bodies.
- For you, summer means the chance to **take** more **exercise**.
- You love the summer because it's light in the mornings when you **go jogging** and it's less **likely** that you'll get wet.
- Your weekend isn't **complete** without a game of football, tennis, or badminton.

If you answered yes to more than three questions, grab your trainers, take a ball and go **straight** to the park. You really are the sporty type!

---

as soon as sobald
sporty sportlich
couch potato Stubenhocker(in)
to take exercise Sport treiben
to go jogging joggen gehen
likely wahrscheinlich
complete vollständig
straight direkt

Oh Gott! Ich bin so sportlich wie ein Sofakissen. Das jedenfalls behauptet meine Sportlehrerin Frau Frosch immer von mir und noch einigen anderen in der Klasse. Dafür rächen wir uns mit dem Spruch: "Sei kein Frosch, trau dich, faul zu sein!" Und überhaupt stimmt das nicht, denn zumindest liebe ich mein Einrad, mit dem ich nachmittags manchmal zu Sarah strample. Aber das allein macht mich sicher nicht zu einem sportlichen Typ. Also weiter im Text.

3. The **Party Animal**

- You don't like being alone; you spend all your **leisure time** hanging out with your friends.
- Summertime = party time!
- No weekend is complete without a party. If you're not invited to one, no problem – you'll have one **yourself**!
- You really want to fall in love this summer – and where better than at a party?

Have you answered yes to most of the questions? If so, you're definitely a party animal. **Have fun!**

Ha! Ich bin eindeutig der Partytyp. Aber ausgerechnet die Party muss ich mir jetzt abschminken, jedenfalls für heute Abend. Mist!

Kraftlos lasse ich die *What's New?* auf den Boden fallen. Ich merke, wie der Kloß in meinem Hals wieder wächst. Die Welt ist so ungerecht! Schnell drehe ich

---

party animal Partylöwe, Partylöwin
leisure time Freizeit
yourself selbst
Have fun! Viel Spaß!

mich zur Seite und mache die Augen zu. Jetzt bin ich noch schlechter gelaunt als vorher.

Sarah the Roving Reporter

Am Samstag fühle ich mich schon wieder viel besser. Die Zahnschmerzen sind beinahe verschwunden. Ich sehe zwar ziemlich schrecklich aus, weil meine Haare von dem langen Rumliegen in alle Richtungen stehen. Aber meinen Toast zum Frühstück kann ich gut essen und mit Erdbeermarmelade schmeckt er herrlich. Kein Wunder nach der unfreiwilligen Hungerkur gestern, als ich nur Flüssignahrung zu mir nehmen konnte.

"**How about** a cup of hot chocolate?", fragt Mama freundlich. Ich nicke mit vollem Mund. "I hope your tooth really is okay now", hakt sie stirnrunzelnd nach, bevor sie meinen Zähnen eine Überdosis Zucker in Kakaoform gönnt. Ich nicke zufrieden und grinse.

"Na, dein strahlendes Lächeln hast du ja schon wieder", meint Papa. Er zwinkert mir zu.

"What are you going to do today?", will Mama wissen. Bevor sie mir mit Staubsaugen kommen kann, antworte ich wie aus der Pistole geschossen: "I'm going to do the homework I didn't do yesterday **because of** my toothache." Sie nickt gnädig. Dann füge ich der Vollständigkeit halber noch etwas unverständlich hinzu: "And Sarah**'s coming round** later."

---

roving reporter rasende Reporterin
How about ...? Wie wäre es mit ...?
because of wegen
to come round vorbeikommen

Nach dem Frühstück bin ich entlassen und kann mich in mein Zimmer verziehen. Gestärkt und gut gelaunt warte ich auf Sarah. Das mit den Hausaufgaben hat noch Zeit, finde ich. Die zieht sich dann allerdings wie Kaugummi! Um halb drei klingelt es endlich. Meine gute Laune ist schon leicht angeknackst, weil Sarah zu spät kommt. Aber meine Neugierde ist größer als mein Ärger und ich flitze zur Tür. Hektisch winke ich Sarah in mein Zimmer.

"Los, erzähl! Ich will alles wissen!", begrüße ich sie atemlos. Gespannt heften sich meine Blicke an ihre Lippen.

"Die Party war echt megacool", schwärmt Sarah.

Ich hab ja geahnt, dass ich die Feier meines Lebens versäumt habe. Tapfer bitte ich die rasende Reporterin um genauere Details. Als Sarah loslegt, kommt mir der Gedanke, dass Zahnschmerzen in direktem Zusammenhang mit Herzschmerzen stehen müssen.

"Na ja … also … erst mal … Maximilian …", beginnt sie zaghaft.

"Was ist mit Maximilian?", unterbreche ich sie ungeduldig. Maximilian geht in die 8c und ist ungefähr der süßeste Junge auf der ganzen Welt. Er hat dunkle, zerzauste Haare, fast schwarze Augen und eine niedliche runde Metallbrille. Damit sieht er ein bisschen aus wie Daniel Radcliffe, der Schauspieler, der Harry Potter spielt – nur besser. Mein Herz macht Purzelbäume. Sarah hat etwas über Maximilian zu berichten. Über den Maximilian, den ich schon seit Monaten aus der Ferne beobachte. Über den Maximilian, der mich nachts in meinen Träumen besucht.

"Jetzt sag schon", dränge ich sie.
"Na, er ist die ganze Zeit mit Julia rumgezogen. Du weißt schon, mit der Blonden aus unserer Parallelklasse."
Wwwom! Der Schlag hat echt gesessen! Plötzlich tut mein Zahn wieder höllisch weh. Ich muss schrecklich blinzeln. Bestimmt, weil das blendende Sonnenlicht in den Augen brennt. Nur komisch, dass sich eigentlich gerade eine dicke Gewitterwolke vor die Sonne geschoben hat.
"Nein!", flüstere ich.
"Doch, tut mir echt leid, Süße." Sarah sieht zerknirscht aus. Als sie sieht, wie ich enttäuscht und verzweifelt auf mein Bett sinke, versucht sie mich zu beruhigen.
"Ach, Rika. Der hat dich doch gar nicht verdient. Wer auf solche Barbiepüppchen wie Julia abfährt, der hat echt nichts im Kopf. Und blöde Jungs sind nichts für dich."
Das tut gut! Ich bin zwar immer noch schwer geschockt über diese Neuigkeit. Aber es geht eben nichts über tröstende Worte der besten Freundin! Ich atme tief durch, damit ich wieder richtig zuhören kann, und bitte sie, ihren Bericht fortzusetzen.
"Ein besonderer Gast war auch noch da", wechselt Sarah gekonnt das Thema. Und nicht nur das. "Tom. He's an **exchange student** from England, and he's in year nine", wechselt sie nun auch noch die Sprache.
Sehr ungewöhnlich, finde ich. Denn sie ist zwar begeistert von unserem englisch-deutschen Familienkauderwelsch und geht auch gern mit mir in den English-Conversation-Kurs, aber sonst ist es ihr eher peinlich,

---

exchange student Austauschschüler

Englisch zu sprechen. Wenn ich mit ihrem Bruder Sebastian, der mit uns zusammen den Englisch-Wahlfachkurs besucht, zum Spaß Englisch spreche, runzelt Sarah immer so verächtlich die Stirn, dass es aussieht, als hätte sie ein Hochgebirge über den Augen. Und jetzt das! Ich sehe Sarah erstaunt an.
"He told me he's going to be in Germany for six months." Dann grinst Sarah breit. "Now you have someone else to speak English with. You'll like that, I guess?"
"Maybe", antworte ich etwas unbestimmt, denn ich kenne diesen Typen ja gar nicht. Aber Sarah scheint er echt beeindruckt zu haben.
"Na, du hast dich offenbar auch ohne mich amüsiert", seufze ich.
Sarah verzieht ihren Mund zu einem schiefen Grinsen und knufft mich in die Seite. Dann erzählt sie weiter von der Fete.
"Es gab eine toll geschmückte Bar in der Aula. Mit lauter leckeren Shakes und Strohhalmen mit kleinen Papierpalmen drauf. Und auf dem Vorplatz der Schule waren Strandstühle aufgestellt. Leider waren die fast immer von den Zehntklässlern besetzt."
Ich schließe die Augen und stelle mir die Atmosphäre auf dem Schulhof vor. Dazu dudelt in meinem Kopf ein spanischer Sommerhit. War bestimmt toll.
"Und weißt du, was die Oberstufenschüler aus dem Aufenthaltsraum gemacht haben?"
"Welcher Aufenthaltsraum?", frage ich, als würde ich auf eine ganz andere Schule gehen. Aber ich bin mit meinen Gedanken gerade selbst auf der Party, weshalb ich einen Moment brauche, um mich zu orientieren.

"Na, der muffige Raum neben dem Jungenklo im Erdgeschoss. Den kennst du doch."
"Äh, ja natürlich." Jetzt bin ich wieder ganz bei der Sache.
"Jedenfalls wurde aus dem Aufenthaltsraum ein Postamt. Dort konnte jeder Zettel und Briefe für eine andere Person hinterlassen. Die Zehntklässler haben die dann in Fächer einsortiert und man konnte immer mal wieder nachsehen, ob man Post bekommen hat."
"Und, hast du?", frage ich neugierig.
"Von Tina, die mich gefragt hat, ob sie mit mir nach Hause fahren kann, wenn ich von Papa abgeholt werde. Weil sie mich nirgends finden konnte."
"Na toll." Ich bin etwas enttäuscht. "Und sonst?"
"Sonst nichts. Aber ich habe ein Briefchen abgegeben."
Sarah wird leicht rot an den Wangen. Süß sieht sie so aus.
Ich muss grinsen.
"Simon!", rufe ich.
Sarah zögert. Dann wird sie noch ein bisschen röter.
"Simon", gibt sie zu.
"Das ist ja supermutig von dir!"
Ich bin begeistert. Das hätte ich mich nie getraut. Ich weiß natürlich, dass Sarah Simon echt Zucker findet. Aber dass sie gleich auf Angriff geht ...
Es klopft an der Tür. Mama steckt den Kopf herein und verkündet: "I'm going shopping for dinner now. Would you like to eat with us tonight, Sarah?"
"No thanks, Mrs Richter. My grandmother's coming round for dinner this evening, so I have to be home by six", wispert Sarah etwas verlegen.

“All right. Maybe next time, then”, meint Mama und lässt uns wieder allein.
Nach dieser Unterbrechung will ich es jetzt aber genau wissen. “Und? Wie hat er reagiert?”
“Überhaupt nicht. Er weiß nämlich nicht, wer ihm den Zettel geschrieben hat. Ich hab nicht draufgeschrieben, von wem die Nachricht ist.”
Da bin ich fast erleichtert, dass ich mich in meiner Einschätzung doch nicht so sehr getäuscht habe.
“Wenn es ihn interessiert, wer an ihn denkt, wird er schon rausfinden, wer der Absender ist”, versuche ich ihr Mut zu machen.
“Mhm”, nickt sie verträumt.
Plötzlich fängt es draußen an zu grollen und zu pladdern. Die Gewitterwolken entladen sich. Von einer Minute auf die andere scheint der Himmel alles unter Wasser setzen zu wollen. Bei dem Regen kann Sarah unmöglich nach Hause gehen. Aber darüber sind wir nicht wirklich traurig. Schließlich verbringen wir die nächsten Stunden damit, darüber zu lachen, wie unmöglich die Zicken aus unserer Klasse angezogen waren. Pia hatte zur Party Schuhe mit mindestens zehn Zentimeter hohen Absätzen an, in denen sie kaum laufen konnte. Die schöne Claudia trug einen Mini, der peinlich kurz war. Na, die müssen es ja wirklich nötig haben! Und wir überlegen uns, welcher Junge an welchem Mädchen interessiert ist. Und wir kichern darüber, welche Lehrer wie peinlich waren.

Nachdem Sarah sich verabschiedet hat, gibt es Abendessen.

"Are you still sad about missing the school party?", fragt Mama, die sich natürlich denken kann, dass Sarah und ich uns ausgiebig darüber ausgetauscht haben.
"A bit", antworte ich, aber das ist eigentlich untertrieben.
"**Never mind** – there'll be another one next year", tröstet sie mich und lächelt aufmunternd. "Would you like some salad?" Sie hält mir die Salatschüssel unter die Nase, doch bevor ich zugreifen kann, schnappt mir Papa die Schüssel weg und belädt seinen Teller großzügig mit grünen Blättern.
"I'm going to **chat** with Lucy after dinner", informiere ich meine Eltern. Sie erlauben mir natürlich, mit meiner Cousine Lucy im Netz zu chatten, denn sie wohnt bei der Schwester meiner Mutter in Neuseeland. Darum sehen wir uns höchstens alle paar Jahre einmal. Aber übers Internet halten wir trotzdem regelmäßig Kontakt. Zu lange allerdings darf ich nicht vor dem PC sitzen, da sind sich Mama und Papa einig.
"All right, but no longer than half an hour, okay?"
Das war zu erwarten. "That's the rule, even if you're on your own computer. I'll come up later and check on you, okay?"
Ich nicke ergeben und trage meinen mittlerweile leer gefutterten Teller zur Spülmaschine. Dann verschwinde ich in mein Zimmer und klappe meinen Laptop auf.
Lucy, meine Cousine, ist online. Bei ihr ist es schon Sonntag. Mich würden an einem schulfreien Tag ja keine zehn Pferde um sechs Uhr früh an den Computer

---

Never mind. Mach dir nichts draus.
to chat chatten

locken, doch Lucy macht das anscheinend nichts aus. Ich fange also gleich an zu tippen.

Rika: Good morning, **beautiful**!
Lucy: Good evening, **sweetheart**. Did you enjoy your party yesterday?

Ich hatte Lucy natürlich von der Fete erzählt. Aber von dem schmerzhaften Schicksalsschlag wusste sie noch nichts.

Rika: I couldn't go! I had terrible toothache and I had to stay in bed. I'**m** so **upset** that I missed it.
Lucy: Oh no, what a pity!
Rika: Yes, it is. But Sarah came round and told me all the **gossip**. **What's up** in **New Zealand**? Any news your end?
Lucy: **Guess what!** I've decided I'm not going to be an actor any more. I've got a better idea. I'm going to be a famous **director**, like Steven Spielberg.

Ich schüttle lachend den Kopf. Das ist wieder einmal typisch Lucy. Sie träumt seit Jahren von einer Weltkarriere in Hollywood, kann sich aber nicht ent-

---

beautiful du Schöne
sweetheart du Süße
to be upset sich grämen
gossip Klatsch
What's up? Was gibt's Neues?
New Zealand Neuseeland
Guess what! Stell dir vor!
director Regisseur(in)

scheiden, was sie da genau machen will. Von Schauspielerin über Drehbuchautorin, Produzentin, Kamerafrau, Casting-Chefin bis zur Regisseurin hat sie bald alles durch.

Rika: I**'ll cross** my **fingers** that it**'ll work out** for you.
Lucy: It**'s** all **up to** me now. I**'m going to** start going to the film club this year. I'm sure I can learn a lot about **film-making** there.
Rika: You and your **wacky** ideas!
Lucy: It's not wacky. I've been saving up all my pocket money so I can get a good camera. Next week I'll have enough money to buy one.

Wir chatten noch eine Weile über das Für und Wider einer Filmkarriere und ob es besser ist, Schauspielerin oder Regisseurin oder vielleicht doch Kamerafrau zu werden, bis Mama vom Flur aus ruft:
"Rika, it's time to **switch off** the computer!"
Ich seufze.
"Okay, Mum. I'll just say goodbye to Lucy."
"Send her lots of love from us", bittet Mama noch, dann höre ich, wie sie die Wohnzimmertür öffnet und wieder schließt.

---

to cross one's fingers die Daumen drücken
to work out klappen
to be up to sb von jdm abhängen
to be going to do sth bald etw tun
film-making Filmgestaltung
wacky schräg
to switch off ausschalten

Lucy: Hello? Rika? Are you still online? Is there a problem with your computer?
Rika: No, no, it's fine. But I**'m afraid** I have to go now. Mum just told me my **time's up**. She sends her love, by the way.
Lucy: Send her mine too. Let's talk again tomorrow, shall we? **Night night**, **sleep tight**, don't let the **bedbugs** bite!
Rika: **Nighty-night**!

Ich klappe den Laptop zu und gähne. Es ist eigentlich erst halb neun. Aber die Zahnaktion von gestern scheint mich immer noch etwas zu schlauchen. Ich beschließe, den Rest des Abends mit einem Buch im Bett zu verbringen. Chillen ohne Party eben.

---

to be afraid fürchten
time's up die Zeit ist um
Night night. Gute Nacht.
Sleep tight. Schlaf gut.
bedbug Wanze
Nighty-night. Gute Nacht.

Flowers and Clouds

Der Sonntag ist langweilig wie meistens. Lucy ist nicht zu erreichen. Sarah muss sich um ihre Oma kümmern. Irgendwie bringe ich den Tag trotzdem rum. Zwischendurch werde ich durch ein leichtes Ziehen in der Backe an meinen Zahn erinnert. Aber ansonsten ist alles ruhig. Am Montag sind die Zahnschmerzen endlich weg und meine Enttäuschung wegen der versäumten Fete hat sich gelegt. Ich fühle mich noch etwas verschlafen wie jeden Montagmorgen. Weil ich mal wieder meinen Wecker so lange ignoriert habe, bis Papa "Jetzt steh endlich auf!", aus der Küche gerufen hat, blieb mir im Bad viel zu wenig Zeit. Dafür stehen meine rotblonden Haare nun auf der linken Seite etwas ab. Und mein Versuch, grünen Lidschatten aufzutragen, ist komplett misslungen. Nachdem ich aussah wie ein Frosch, musste ich die ganze Farbe wieder abwaschen. Übrig geblieben sind leichte Ränder in Moosgrün, die jedem Abschminkversuch hartnäckig widerstanden haben. Aber es ist ja nur ein ganz normaler Montag ohne Schulparty oder andere Events. Dafür muss das Styling-Sparprogramm reichen.

Ich schleppe mich gähnend in unser Klassenzimmer und halte nach Sarah Ausschau. Während ich meine Backenzähne der Zugluft aussetze, tritt ein gutaussehender Junge in mein Blickfeld. Hektisch klappe ich meinen Unterkiefer wieder hoch und presse die Lippen

zusammen. Wie peinlich! Vor mir steht ein wirklich schnuckeliger Vertreter des starken Geschlechts. Groß. Mindestens sechzehn. Braune Igelhaare. Süßes Lächeln. Da stellt sich mir einmal im Leben so ein toller Typ in den Weg und ich lasse ihn gleich meinen gesamten Rachen erkunden. Der Junge mustert mich kurz.
"Bist du Rika?", fragt er neugierig. Oh, mein Gott, woher kennt der mich?
"Ja", hauche ich benommen und setze mein strahlendstes Lächeln auf.
"Ich hab da was für dich."
Er hält mir ein zusammengefaltetes Blatt Papier unter die Nase.
Was soll das denn? Irritiert nehme ich ihm den Zettel aus der Hand.
"Der wurde am Freitag im Partypostamt, das wir aus der Zehnten eingerichtet haben, abgegeben. Aber du hast ihn nicht abgeholt. Zuerst wollten wir alle liegen gebliebenen Briefe wegschmeißen. Aber ich dachte, wenn die einer findet und liest, verstößt das gegen das Briefgeheimnis. Darum habe ich mich dafür eingesetzt, dass alle Zettel auch nachträglich verteilt werden. Ach übrigens, ich bin Klaus und will nächstes Schuljahr Schülersprecher werden. Ich hoffe, ich kann auf deine Stimme zählen."
Nach diesem Wortschwall schnappt mein privater Postbote erst mal nach Luft. Aha, nun weiß ich wenigstens, wem ich den Zettel hier zu verdanken habe und warum.
"Okay, wird gemacht", versichere ich, weil ich nicht recht weiß, was ich sonst dazu sagen soll. Außerdem

möchte ich gerne wissen, was in dem Brief steht, und muss den Briefträger möglichst schnell loswerden. Der steht nämlich nun etwas verlegen vor mir und steckt unschlüssig die Hände in die Hosentaschen. "Danke", füge ich hinzu und nicke lächelnd zum Abschied. Dann drehe ich mich um und gehe an meinen Platz.
Nun macht sich Klaus doch endlich auf den Weg und verlässt, indem er kurz die Hand in meine Richtung hebt, unser Klassenzimmer. Da erst wenige andere Schüler im Klassenzimmer sind und die sich alle unterhalten oder mit irgendwas beschäftigen, hat niemand meine ganz persönliche Briefzustellung mitbekommen. Von Sarah ist noch nichts zu sehen, darum falte ich vorsichtig an einer Ecke die geheimnisvolle Botschaft auseinander. Wer hätte das gedacht? Da versäume ich die Feier und bekomme trotzdem Partypost. Die Hände mit dem Zettel unter der Bank, vertiefe ich mich angestrengt in den Text. Ich lese ... und verstehe nicht, was ich lese. Ich bin irgendwie ganz durcheinander. Dann beginne ich noch mal von vorn. Mein Herz galoppiert mir dabei voraus.

Dear Rika,
Last night I dreamt of you. In my dream you were standing in a **meadow surrounded** by **thousands** of beautiful flowers. You waved to me and smiled. There were flowers all around your feet; I could smell their **incredible**

---

meadow Wiese
surrounded umgeben
thousand Tausend
incredible unglaublich

scent. But you were even lovelier than the flowers. I think you're the most beautiful flower in the world.

Ich schnappe nach Luft. So was habe ich in meinem ganzen Leben noch nicht gelesen. Ich glaube, ich werde rot bis hinter beide Ohren. Leise räuspere ich mich und werfe einen möglichst unauffälligen Blick über meine Schulter. Niemand scheint mich zu beachten. Ich atme einmal tief durch und lese aufgeregt weiter.

In my dream a cloud **drifted past** above my head, and I climbed up onto it. I wanted to fly straight into your arms. The cloud brought me closer to you, and I could see into your **sparkling** eyes. In them I saw a **colourful** rainbow. I saw the sun and the moon and **the whole of the world**. It was like a **miracle**.
Then, **just before** I reached you, my alarm clock rang and woke me up, and **wrenched** me **out** of this beautiful dream. But even **after** I woke up, I still felt **as if** I **was floating** on a cloud. The feeling is still with me. I can't stop thinking about this dream. I can't stop thinking about you. But I don't want to sit on a cloud all day. It

---

scent Duft
to drift past vorbeischweben
sparkling funkelnd
colourful bunt
the whole of the world die ganze Welt
miracle Wunder
just before kurz bevor
to wrench sb out of sth jdn aus etw herausreißen
after nachdem
as if als ob
to float schweben

would be better to be with you in the real world. If you want to be with me, come to the fountain in the middle of the school playground at eight o'clock. I'll be waiting there for you.
Yours
XXX

Ich lese die Zeilen ein drittes Mal und langsam dämmert mir, dass ich einen Liebesbrief in den Händen halte. Den ersten Liebesbrief meines Lebens! Aber ob er wirklich für mich gedacht ist? Na, jedenfalls steht *Rika* als Anrede drauf. Ich wusste gar nicht, dass ein Junge so lieb und so romantisch schreiben kann. Bestimmt bin ich total rot im Gesicht. Vorsichtig sehe ich mich im Klassenzimmer um. Alle anderen tun so, als wäre alles wie immer. Niemand hat gemerkt, dass ich kurz vor einem Herzinfarkt stehe. Und Fieber habe. Mein Gesicht glüht. Trotzdem beachtet mich keiner. Gut so. Wieder werfe ich einen Blick auf den Brief und will gerade anfangen, ihn noch einmal zu lesen, als Mrs Timberland, unsere Englischlehrerin, den Raum betritt. Hinter ihr schlüpfen in letzter Minute die restlichen Schüler ins Klassenzimmer, darunter auch Sarah. Sie lässt sich auf den Stuhl neben mir fallen und begrüßt mich mit einem schwungvollen: "Morgen, Süße!" Rasch falte ich meinen Brief zusammen und stecke ihn unbemerkt in meinen Schulrucksack.
"Good morning, ladies and gentlemen", tönt eine laute Stimme von vorn. Mrs Timberland will sich Gehör verschaffen.

---

would be wäre

"Please open your books at page 112. Who'd like to read?"
Mrs Timberland sieht sich in der Klasse um.
"How about you, Elias?", fordert sie unseren Blondschopf in der letzten Reihe auf. Ich höre, dass einige Mädchen kichern. Selbst Sarah neben mir grinst. Aber ich kann daran heute nichts Komisches entdecken. Etwas stockend beginnt Elias zu lesen.
"Important cities in Great Britain. London, the capital of the **United Kingdom**, is on the river **Thames**. With about seven million **inhabitants**, it is the largest city in the UK and also in Europe. A lot of tourists visit London every year, not least because of its many museums and theatres. But there are lots of other interesting sights as well, like the Tower of London, Buckingham Palace, and the Houses of **Parliament** with their famous **clock tower** and bell, Big Ben."
"Thank you, Elias. Who wants to go on?", unterbricht Mrs Timberland und schiebt sich ihre Brille auf der Nase zurecht. Ich kann mich kaum konzentrieren. London ist bestimmt eine schöne Stadt. Aber der Brief in meiner Schultasche ist noch schöner. Ich muss seufzen.
"Rika, would you **carry on**, please?", stört Mrs Timberland meine Gedanken. Ich gebe mich geschlagen und lese den nächsten Absatz.

United Kingdom (UK) Vereinigtes Königreich
Thames Themse
inhabitant Einwohner(in)
parliament Parlament
clock tower Uhrturm
to carry on weitermachen

“Dover is a small town on the south coast of England, and an important **ferry port**. Only thirty-four kilometres **separate** the island of Great Britain from France. The ferries across the **English Channel** to Calais take only about ninety minutes, and as you leave the port you have a wonderful view of the famous **White Cliffs** of Dover.”

“Next, please”, beendet Mrs Timberland meinen Vortrag. Ich bin erlöst und könnte mich nun anderen Dingen zuwenden, die mindestens ebenso “wonderful” sind wie die Kreidefelsen von Dover. Doch als Nächste ist Sarah an der Reihe und aus Solidarität fühle ich mich verpflichtet zuzuhören.

“Edinburgh is a beautiful old city and the capital of **Scotland**. Its castle sits on a hill **overlooking** the city. Many famous people were born in Edinburgh, and the **author** J. K. Rowling **wrote** her first Harry Potter **novel** in an Edinburgh café.”

Sarah ist begeistert.

“Really? We should visit this café … äh … I mean Edinburgh! Let’s go there on a school trip”, schlägt sie Mrs Timberland vor. Die hüstelt erst etwas säuerlich, weil Sarah ungebeten die Lesung unterbrochen hat

---

ferry port Fährhafen
to separate trennen
English Channel Ärmelkanal
White Cliffs *hier:* Kreidefelsen
Scotland Schottland
overlooking sth mit Blick auf etw
author Autorin
to write (wrote, written) schreiben
novel Roman

und mit ihrer Idee rausgeplatzt ist. Doch dann lächelt sie versöhnlich.
“Good idea. Why don’t you **remind** me when it’s time to plan our next school trip? **Though** I’m afraid that won’t be until next year ...”
Weiter kommt Mrs Timberland nicht mit ihren Überlegungen. Denn es gongt und alle fangen an, hektisch ihre Hefte in die Taschen zu stopfen.
“Please **make a note of** your homework”, versucht Mrs Timberland das Geraschel zu übertönen. Daran denkt sie wirklich immer. Ich seufze ein letztes Mal in dieser Stunde und kritzle die Hausaufgaben auf meinen Block.

In der großen Pause will ich Sarah den Brief zeigen, aber die rennt erst mal auf die Toilette. Also bleibt mir Zeit, die Zeilen alleine und in aller Ruhe noch mal durchzulesen. Als alle das Klassenzimmer verlassen haben, hole ich den Brief aus meiner Schultasche. Ich frage mich, wer mir diese wundervollen Worte geschickt haben könnte. Vor lauter Aufregung habe ich vorhin glatt überlesen, dass der Brief mit drei Kreuzen statt mit einem Namen unterschrieben ist. Ein geheimer Verehrer also. Wenn Mama von solchen Dingen spricht, weil sie mal wieder ihre alten Schmachtfilme angesehen hat, dann finde ich das immer echt bescheuert. Und nun habe ich selbst so einen “unbekannten Verehrer”. Wer kann das nur sein?

---

to remind sb jdn an etw erinnern
though obwohl
to make a note of sth etw notieren

Bei jedem Durchlesen bekomme ich Gänsehaut. Kann man sich in einen Brief verlieben, ohne den Verfasser zu kennen? Während in meinem Kopf haufenweise Fragezeichen aufleuchten, kommt Sarah ins Klassenzimmer zurück.
“Was ist denn mit dir los?”, fragt sie mich überrascht. Dann bemerkt sie den Zettel auf meinem Tisch und linst neugierig darauf. “Was hast du denn da?”
Ich will gerade anfangen, ihr alles zu erzählen, da läutet die Schulglocke und die anderen stürmen herein, gefolgt von Herrn Schnack, unserem Mathelehrer. Hektisch stopfe ich meinen Brief wieder in die Tasche. Herr Schnack ist dafür bekannt, dass er es auf Zettelchen der Schüler abgesehen hat wie eine Stechmücke auf das Blut von Säugetieren. Das hätte mir gerade noch gefehlt, dass der mir meinen Brief abnimmt.
“Später”, flüstere ich Sarah zu.
“Ich komme heute Nachmittag bei dir vorbei.”
Ganz zufrieden ist Sarah damit nicht. Das sehe ich an ihrem Stirnrunzeln. Aber ihr bleibt keine Zeit, sich zu beschweren, weil Herr Schnack sie gleich gnadenlos in die Zange nimmt.
“Madame Weger, wärst du so freundlich, uns an den Ergebnissen deiner Hausaufgaben teilhaben zu lassen?”
Sarah schlägt stöhnend ihr Heft auf. Ein bisschen schäme ich mich, weil ich erleichtert bin, dass es Sarah getroffen hat und nicht mich.
Wirklich konzentrieren kann ich mich an diesem restlichen Schultag nicht, aber ich habe Glück und entgehe weiteren Lehrerfragen.

Nach dem Mittagessen würde ich am liebsten sofort mit Lucy chatten und ihr von dem Brief erzählen. Aber in Neuseeland ist es nicht 13 Uhr mittags, sondern 23 Uhr abends. Trotzdem fahre ich meinen Rechner hoch. Eine E-Mail muss erst einmal reichen. Ich muss unbedingt loswerden, dass ich heute den schönsten, anrührendsten, wunderbarsten, romantischsten, aufregendsten Brief meines Lebens bekommen habe. Allerdings auch den anonymsten. Ungeduldig starre ich auf den Monitor. Dieses alte Notebook braucht eine halbe Ewigkeit, bis ich endlich online bin.

From: rika.frederika@interweb.de
To: lucy.starworld@schoolserver.nz
Subject: **Love letter**

Dear Lucy,
Today is the most **wondrous**, **amazing**, **romantic** day of my life! Guess what! I got my **very first** love letter! I'm so happy I can't begin to tell you. However, I'm also a bit sad, because I don't know who wrote it. It was **unsigned**. Now I'm really **confused**. What should I do? Any ideas?? The letter was sent to me at the school summer party, the one I couldn't go to because I was

---

love letter Liebesbrief
wondrous wundersam
amazing erstaunlich
romantic romantisch
very first allererste
unsigned ohne Unterschrift
confused verwirrt

ill. There was a post office for **secret messages**, and someone left the letter there for me!
He wrote to me about a dream he had and of how beautiful he thinks I am. The letter is sooooo romantic! I can't believe that a boy would write **such** lovely things. What if the letter **is**n't really **meant for** me? Maybe he **mixed** me **up** with another girl?? I don't know what to think **right now**. Please write back soon!
Love,
Rika

Ich drücke auf *Senden*. Nur wenige Minuten später, als ich meinen Laptop gerade schließen will, macht es pling. Eine Nachricht von Lucy. Das ging ja schnell! Ich habe gar keine Zeit, mich zu wundern, warum sie um diese Zeit noch wach ist und am Rechner sitzt. Mit einem Klick öffne ich ihre Antwort.

From: lucy.starworld@schoolserver.nz
To: rika.frederika@interweb.de
Subject: Wow!

Dear Rika,
Great! Fantastic! **Awesome**! Of course he meant you. He's writing to a very beautiful girl, isn't he?! So – **there**

---

secret message Geheimbotschaft
such so
to be meant for sb für jdn bestimmt sein
to mix sb up with sb jdn mit jdm verwechseln
right now jetzt
awesome toll

you are! Stay cool – you'll find out who wrote the letter, because he'll tell you. If he's not a **complete idiot**, that is.
Listen – I think I know what happened. The person who wrote the letter is probably a famous film star **in disguise** who **happened to be** at the party. And he fell in love with your photo on the notice board in the **school hall**. There is a photo of you there, isn't there? Then he asked everybody who the **gorgeous** girl in the photo was. And when he found out your name, he wrote you this letter. Trust me, that's how it was. ;-)
I have to go to bed now!! It's really late here. I'll be thinking of you ...
Bye, honey xxx

Ich wusste es! Meine Cousine ist verrückt. Trotzdem bringt sie mich mit ihren unmöglichen Ideen zum Lachen. Eine ernsthafte Meinung werde ich mir jetzt von Sarah einholen. Der hatte ich schließlich versprochen, heute Nachmittag bei ihr vorbeizukommen – mit dem Brief natürlich.

There you are! Na also!
complete idiot Vollidiot
in disguise *hier:* inkognito
to happen to be somewhere zufällig irgendwo sein
school hall Aula
gorgeous umwerfend

A Missed Date

"I'm going to see Sarah, Mum", informiere ich meine Mutter, die gerade dabei ist, den Teig für leckere Pikelets zu rühren. Ich taste nach dem Brief, den ich Sarah zeigen will und den ich sicher in meiner Hosentasche verstaut habe.

"Wait a minute", meint sie und gießt einen Schöpfer von der cremigen Mischung in die heiße Pfanne.

"Take some of these to Sarah. I know she loves pikelets."

"Mmm, they smell wonderful!" Begeistert warte ich ab, bis die ersten Minipfannkuchen fertig gebrutzelt sind. Dann packe ich die fertigen Pikelets in eine Dose, hauche Mama einen Kuss auf die Wange und schnappe mir mein Einrad. Damit strample ich zum Haus der Wegers.

Fünf Minuten später klinge ich an der Tür. Kaum hat Sarah geöffnet, zieht sie mich auch schon in den Flur.

"Zeig endlich her!", ruft sie hektisch und gestikuliert in Richtung ihres Zimmers. Behutsam fische ich meinen Liebesbrief aus der Hosentasche, als würde es sich um ein wertvolles antikes Pergament handeln, das gut und gern zweitausend Jahre alt ist. Dann lasse ich mich auf Sarahs Couch nieder und ziehe meine Beine unter den Po. Feierlich halte ich Sarah den Brief hin. Aber als sie gerade danach greifen will, überlege ich es mir anders. Ich gebe ihr den Brief nicht in die Hand, sondern lese ihn vor.

Kaum bin ich bei "xxx" angekommen, fängt sie an zu kreischen.

"Mensch, Rika, wie romantisch!"
Ich nicke. Das ist mir auch schon aufgefallen!
"Von wem ist der Brief denn?", will Sarah wissen.
"Das würde ich selbst gern wissen." Ich erzähle Sarah von der Übergabe durch Klaus.
"Dann war es bestimmt dieser Klaus selbst!", sagt Sarah überzeugt.
Ich weiß nicht so recht. Der war zwar ganz nett, aber wie er mit mir geredet hat, lässt nicht gerade auf eine romantische Ader schließen.
"Der hätte mir doch einen Tipp gegeben, wenn er der Absender wäre. Immerhin hatte er heute früh nebenbei noch Zeit, Werbung für seine Wahl zum Schülersprecher zu machen", gebe ich zu bedenken.
Sarah stimmt mir zu. Die Frage nach dem Absender ist also nicht so einfach zu beantworten. Gemeinsam überlegen wir weiter.
"Ich hab's!", ruft Sarah. "Du musst doch nur zu dem vorgeschlagenen Treffpunkt gehen. Dann begegnest du deinem Verehrer dort. Wo war das gleich?"
Stimmt. Das hatte ich in meiner romantischen Aufregung völlig überlesen. Aufmerksam sehe ich mir die Botschaft noch mal an. "Um acht Uhr beim Brunnen am Schulhof", antworte ich. "Damit meinte er sicherlich acht Uhr am Abend der Schulparty. Den Termin habe ich schon verpasst." Ich bin enttäuscht.
"Und wenn er acht Uhr früh am nächsten Schultag gemeint hat?", versucht Sarah mir Hoffnungen zu machen.
"Dann wäre das heute früh gewesen. Hast du heute um acht Uhr einen Jungen am Brunnen warten sehen?

Schließlich bist du heute beinahe zu spät gekommen und warst um kurz vor acht noch vor dem Schulhaus." Erwartungsvoll sehe ich Sarah an. Sie denkt kurz nach, schüttelt dann aber ihren braunen Lockenkopf. Natürlich. Das wäre ja auch zu einfach gewesen.

Es klopft an der Tür. Sebastian, Sarahs großer Bruder, wartet gar nicht erst auf eine Antwort, sondern steckt ungebeten seinen Kopf ins Zimmer.
"Oh – hi, Rika. **What a surprise**. I didn't know you were here", begrüßt er mich. Natürlich auf Englisch. Witzig! Das ist unsere gemeinsame Sprache, seit wir diesen English-Conversation-Kurs gemeinsam besuchen. Sebastian meint, dann hätte er einen Grund, auch zwischendurch mal sein Englisch zu benutzen. Mir ist das recht und seitdem amüsieren wir uns immer, wenn andere große Augen machen, sobald wir zu reden anfangen.
"So, jetzt weißt du es. Noch was?", fragt Sarah genervt.
"Kannst du mir mal kurz deinen iPod ausleihen? Kriegst ihn heute Abend zurück", wendet sich Sebastian an seine Schwester. Dabei fällt ihm eine dunkelblonde Strähne ins Gesicht, die er mit der Hand wieder nach hinten streicht.
"Meinetwegen." Gnädig erhebt sich Sarah, um das Gerät aus ihrer Schreibtischschublade zu kramen.
"I didn't see you at the school party on Friday. Why weren't you there?", wendet sich Sebastian wieder an mich und tritt dabei in Sarahs Zimmer.

What a surprise! Welche Überraschung!

“Wer hat gesagt, dass du dir auch mein Zimmer ausleihen kannst?”, fragt Sarah gereizt.
“I couldn’t go to the party because I was ill”, gebe ich Sebastian Antwort.
“Oh no! Poor you! I hope you’re feeling better?” Er klingt tatsächlich besorgt und guckt auch so.
“Yes, I’m fine now. I had really bad toothache, but the dentist **fixed** it.” Ich grinse.
“**Phew!** I’m **glad**”, meint Sebastian und grinst ebenfalls.
“Schleimer!”, zischt Sarah.
Mir ist es ein bisschen peinlich, wie Sarah ihren Bruder behandelt. Dabei ist der echt nett. Sarah hält ihm den iPod hin und schiebt ihn mit ihrer freien Hand in Richtung Tür. “Da geht’s raus.”
“Bye, Rika. See you”, verabschiedet sich Sebastian von mir und bedankt sich kurz bei Sarah.
“Schon gut”, meint Sarah, “aber vergiss nicht: Wiedersehen macht Freude!” Damit schließt sie ihre Zimmertür und wir können uns erneut der Absenderfrage widmen. Wir gehen einen nach dem andern durch, der in Frage kommt.
“Natürlich! Warum bin ich nicht gleich darauf gekommen?”, ruft Sarah plötzlich. “Bestimmt steckt dieser süße Austauschschüler Tom dahinter!” Sie kriegt einen verträumten Blick und seufzt ein bisschen traurig.
“Na, hör mal. Ich dachte, du findest ausschließlich Simon süß”, tue ich entrüstet. Dabei muss ich allerdings grin-

---

to fix sth etw in Ordnung bringen
Phew! Uff!
I’m glad. Das freut mich.

sen. Welches Gesetz sagt denn, dass man nur *einen* Jungen süß finden kann?
“Ja, schon”, stottert Sarah. “Aber ich habe diesen Tom ja auch erst kennengelernt, als ich den Zettel für Simon schon abgegeben hatte.”
Was ist bloß mit Sarah los? *Ich* müsste doch ratlos sein wegen des anonymen Briefschreibers. Aber Sarah scheint mindestens genauso durcheinander zu sein wie ich.
“Dieser Tom kann es nicht gewesen sein”, beruhige ich Sarah. “Hast du vergessen, dass ich nicht auf der Schulfete war? Ich kenne ihn doch noch gar nicht. Folglich kennt er mich auch nicht”, beruhige ich sie.
Das leuchtet ihr ein. Sie nickt und wir beide grübeln weiter.
Nach einer Stunde qualmt uns das Hirn, aber wir sind immer noch zu keinem Ergebnis gekommen.
Sarah ändert die Strategie. “Wenn du dir wünschen könntest, wer dein geheimer Mr XXX sein soll, wen würdest du denn dann wollen?”, fragt sie.
Ich überlege und kaue dabei an meinen Fingerknöcheln herum. “Aua!”
“Tut der Gedanke an deinen Traumtypen so weh?”, fragt Sarah mitfühlend.
“Nein, ich habe mir vor lauter Nachdenken in die Hand gebissen”, antworte ich mit schiefem Lächeln.
Sarah lacht, wird aber gleich wieder ernst. Schließlich wollen wir uns hier um das Thema Liebe kümmern. Und damit ist nicht zu spaßen.
“Maximilian”, sage ich, ohne zu zögern. “Der ist mein Traumboy. Aber das mit Julia auf dem Schulfest … ich

weiß nicht, ob ich aus diesem Traum nicht besser aufwachen sollte."
"Hm", überlegt Sarah, "es muss doch irgendjemanden geben, der dir in letzter Zeit besonders aufgefallen ist. Wer war denn in den vergangenen Tagen äußerst nett oder hat dich oft angesehen? Denk doch noch mal nach."
Nachdem Sarah einfach nicht locker lässt, kratze ich den Rest meiner grauen Gehirnzellen zusammen. Und da fällt es mir endlich ein.
"Na klar, Felix aus der Parallelklasse! Der muss es sein!", rufe ich triumphierend. "Der hat mir lächelnd die Tür aufgehalten, als ich letzten Mittwoch voll bepackt und beinahe zu spät zur Schule kam", erkläre ich Sarah meine Erkenntnis.
"Das ist ein Argument. Dann brauchen wir jetzt nur noch den Beweis dafür, dass er auch wirklich der geheime Absender ist", überlegt Sarah.
Oh Gott, daran habe ich gar nicht gedacht. Ich kann ja nicht einfach hinmarschieren und sagen: "Hallo, vielen Dank für deinen Brief."
"Wir werden ihn überführen. Wie echte Agentinnen!", ruft Sarah begeistert.
"Und wie hast du dir das gedacht? Sollen wir uns mit Sonnenbrillen und Trenchcoats mit hochgeklapptem Kragen auf die Lauer legen und alle seine Schritte beobachten?", frage ich skeptisch. "Wir können ihn doch nicht pausenlos beschatten."
"Nein, das geht natürlich nicht, das würde auffallen." Sarah denkt kurz nach. "Ich hab eine bessere Idee", meint sie dann. Und sie hat recht.

Das muss ich am Abend natürlich gleich Lucy schreiben. Ich kann es kaum erwarten, bis ich mich endlich in mein Zimmer verziehen kann.
“Rika, I guess you haven’t done your homework yet”, gibt mir Mama noch mit auf den Weg.
“You guess right”, grummele ich. Wieso muss sie mich jetzt an die Hausaufgaben erinnern? Ich habe im Augenblick wirklich genügend andere Dinge im Kopf. Natürlich mache ich mich trotzdem an die Arbeit. Auf eine Strafaufgabe wegen vergessener Hausaufgaben habe ich keine Lust. Als ich mein Heft zuklappe, ist es neun Uhr.
“It’s almost **bedtime**!”, ruft meine Mama prompt aus dem Wohnzimmer.
“What? I’ve still got an hour!”, rufe ich zurück. “I just want to chat with Lucy. It’s morning now in New Zealand – maybe I can **catch** her before she goes to school.”
Keine Antwort. Ich klappe meinen Laptop auf und gähne dabei mit weit geöffnetem Mund. Ja! Lucy ist online.

Rika: Hi, Lucy. Just a quick message because I’m really tired. I don’t know why, but every time I sit down at my desk I start to feel sleepy.
Lucy: **Tell me about it!** I know the feeling. But tell me more about the love letter and your secret **admirer**! I’m so **curious**! Any more **juicy** secrets?

---

bedtime Zeit zum Schlafengehen
to catch sb jdn erwischen
Tell me about it! Wem sagst du das!
secret admirer heimlicher Verehrer
curious neugierig
juicy pikant

Rika: No, nothing new. But I saw Sarah today and we made some plans to find out who it is.
Lucy: So what's your **strategy**? Have you checked for **fingerprints**?

Ich muss laut lachen. Typisch Lucy! Sie liest eindeutig zu viele Krimis. Wahrscheinlich sollten wir ihrer Meinung nach die Kripo einschalten, um den Verdächtigen zu stellen. Es dauert einen Moment, bis ich mich wieder gefasst habe, bevor ich weitertippen kann.

Rika: We're going to **unmask** him at the **meeting place** he mentioned in his letter: the fountain in the school playground.
Lucy: Good idea! Fingers crossed that you find him.
Rika: Thanks.
Lucy: Actually, I've got some interesting news, too …
Rika: What?? Come on, **spit it out!**
Lucy: Do you remember my idea about being a famous director? Well, I still **have a long way to go**, but I am a step closer. Our school is organizing a film competition. And **guess what?**
Rika: You**'re going to enter**!
Lucy: Exactly!

---

strategy Strategie
fingerprint Fingerabdruck
to unmask sb jdn entlarven
meeting place Treffpunkt
Spit it out! Raus damit!
to have a long way to go einen weiten Weg vor sich haben
Guess what? Weißt du was?
to enter (a competition) sich bewerben

Rika: What do you have to do for this competition?
Lucy: It's a **short film competition**. But I'm going to need some **scenes** shot by **schoolkids** in other countries. The film **is supposed to give a taste of** pupils' different lives all over the world.
Rika: That sounds interesting.
Lucy: It is. My penfriend Maria from Spain says she'll help me. She's promised to send me a scene. How about you? I'm going to need lots of different **contributions**.

Einen Kurzfilm? Ich weiß nicht so recht. Eigentlich fehlt mir fürs Filmen und Fotografieren jegliche Begabung. Auf meinen Fotos sind entweder alle Personen nur verschwommen zu sehen oder es fehlt ihnen der Kopf, ein Arm oder sonst etwas. Außerdem habe ich im Augenblick wirklich andere Dinge im Kopf. Aber irgendwie weiß ich nicht, wie ich das Lucy erklären soll. Und enttäuschen will ich meine Cousine auch nicht. Denn immerhin macht sie sich ständig Gedanken über Dinge, die ich ihr von mir erzähle. Da könnte ich mir zwischendurch ja auch mal was für sie ausdenken.

Rika: Okay, I'll see if I can think of any good ideas.
Lucy: Great! But please send me your film as soon as **possible** – I've got only a few days left before the

---

short film competition Kurzfilmwettbewerb
scene Szene
schoolkid Schulkind
to be supposed to do sth etw tun sollen
to give a taste of *hier:* Einblicke vermitteln
contribution Beitrag
possible möglich

deadline! Maybe you can ask someone to help you?
Rika: What??? You have to finish the film in a few DAYS??! You're crazy!
Lucy: Just a bit. Sorry, it's just because I only found out about it at the last minute. And now I have to go, or I'll be late for school.
Rika: **Cheerio**, my favourite cousin.
Lucy: I thought you only had one cousin?
Rika: Exactly!

---

deadline Abgabetermin
Cheerio. Tschüs.

Diving for Treasure

Am nächsten Morgen werfe ich einen Blick auf das Display meines Handys. Der Akku ist geladen. Die Kamera funktioniert. Mal sehen, ob ich Lucy heute den Gefallen mit der Aufnahme tun kann. Vielleicht ergibt sich ja durch Zufall ein tolles Motiv für eine kurze Filmszene. Im Moment allerdings habe ich keinen blassen Schimmer, was ich Lucy schicken könnte. Was ist an meiner Schule oder bei mir zu Hause schon so interessant, dass es als Beitrag für einen neuseeländischen Filmwettbewerb herhalten könnte? Dummerweise mache ich beim Frühstück den Fehler, Mama von Lucys Wettbewerb zu erzählen. Sie ist begeistert.
"What a great idea! Do you want to make a short film about our family life?", schlägt sie vor.
"Mum! No, of course not."
"Why not? Our family is **pretty** interesting."
"Sure, *really* interesting." Genervt verdrehe ich die Augen.
"What's wrong with it?", fragt Mama.
"It's not about interesting families, Mum. It's a short film competition that's supposed to show something about the lives of schoolkids all over the world."

---

to dive tauchen
treasure Schatz
pretty ziemlich

"So what are you going to film?"
Tja, woher soll ich das wissen? Ich zucke mit den Achseln.
"How about the flowers on our balcony?", ist ihre nächste Idee.
"Sorry, Mum, but **that's** really **nothing to write home about**."
Jetzt wird es aber Zeit, dass ich mich schleunigst auf den Weg in die Schule mache. Bevor meine Mutter noch auf weitere kreative Ideen kommt.
"Okay, **I'm off**. See you later", sage ich darum schnell und winke ihr kurz zu, als ich schon fast aus der Tür bin.

Der Vormittag vergeht schleppend, ich kann mich nur mühsam auf den Unterricht konzentrieren. Deutsch bei Frau Hartmann ist nie sonderlich spannend und heute drehen sich meine Gedanken vor allem darum, wie wir den geheimen Briefschreiber entlarven wollen. Da ist für Grammatik keine Gehirnzelle mehr frei.
Sarah und ich haben uns ganz unauffällig gekleidet. Nicht mit Trenchcoat und Sonnenbrille, sondern mit Jeans, T-Shirt und Flip-Flops. Auf Schminke, ausgefallene Frisuren und andere Sonderaktionen haben wir bewusst verzichtet. So fallen wir nicht auf und können unseren Plan unbemerkt in die Tat umsetzen.
Beim ersten Klingeln der Pausenglocke lassen wir sofort unsere Stifte fallen und rennen im Rekordtempo in den

---

That's nothing to write home about. Damit lockt man keinen Hund hinter dem Ofen hervor.
I'm off. Ich bin dann mal weg.

Hof unserer Schule. Dort platzieren wir uns vor dem Brunnen und halten angestrengt Ausschau nach den Jungen aus der Parallelklasse. Es dauert einige Minuten, bis wir die ersten erspähen. Während Sarah und ich sofort anfangen, unser Schauspieltalent einzusetzen, kann ich aus den Augenwinkeln Felix' roten Haarschopf entdecken. Also nichts wie los!

"Oh nein, wie schrecklich! Ich kann sie wirklich nirgends finden", jammert Sarah filmreif und zieht dabei effektvoll ihre Nase hoch. Das hätte ich vielleicht filmen sollen. Aber im Augenblick gibt es Wichtigeres.

"Hast du auch alles genau abgesucht?", frage ich etwas lauter als nötig. Es klingt alles ziemlich gekünstelt, aber unser kleines Drama zeigt Wirkung. Nur leider beim falschen Publikum. Drei Jungen aus der Fünften kommen sofort zum Brunnen gerannt. Neugierig fragt der Kleinste des Trios: "Sucht ihr was?"

"Denkst du, wir sind vom Wasserwirtschaftsamt und beobachten das Brunnenwasser, oder wonach sieht es aus?", blafft ihn Sarah an. "Und jetzt verschwindet, sonst nehmt ihr uns das Licht zum Suchen", fügt sie hinzu.

Ich versuche mich unauffällig umzusehen und bemerke, dass Felix zu uns herschielt. Hektisch remple ich Sarah an und mache eine leichte Kopfbewegung in Richtung unserer Zielperson. Sarah legt sich sofort noch mehr ins Zeug.

"Die Kette war doch von meiner Oma! Ich muss sie unbedingt finden!", jammert sie lautstark weiter und ignoriert dabei die Fünftklässler, die immer noch mit großen Augen neben uns stehen.

"Wir wollen dir doch suchen helfen. Wie sieht die Kette denn aus?", fragt einer der Jungs hilfsbereit.
Sarah überhört das Angebot einfach und spielt weiter ihre Rolle.
"Ich habe sie bestimmt am Freitag bei der Schulfete hier verloren."
"Da durften wir noch nicht mitmachen", stellt einer der freiwilligen Helfer fest.
"Stimmt, und hier dürft ihr leider auch nicht mitmachen. Also verkrümelt euch endlich", zischt Sarah ihnen zu.
Mir hat es irgendwie die Sprache verschlagen. Aber Sarah war letztes Jahr in der Theater-AG, deshalb ist sie im Schauspielern um Klassen besser als ich. Aus den Augenwinkeln beobachte ich, dass sich immer mehr Köpfe nach uns umdrehen. Auch die Zielperson zeigt jetzt deutliches Interesse. Felix schlendert scheinbar neugierig in Richtung Brunnen. Ich stubse Sarah nervös an. Sie folgt meinem Blick und nickt beinahe unmerklich. Wir wenden uns nun ganz dem Brunnen zu und starren angestrengt hinein.
"Was ist denn hier los?", fragt eine Stimme hinter mir. Ich drehe mich um und sehe Felix direkt in seine grünen Augen.
"Äh", ist das Einzige, was ich vor Aufregung über die Lippen bringe. Gut, dass Sarah die Nerven behält.
"Ich habe meine Kette verloren", springt sie für mich ein.
"Kann ich irgendwie helfen?", bietet sich Felix bereitwillig an.
"Den beiden ist nicht zu helfen. Sei bloß vorsichtig. Bestimmt sind sie verrückt oder ansteckend krank", kräht einer der Jungen aus der Fünften. Dann beginnen

alle drei loszukichern. Während sich die Küken neben uns vor Lachen ausschütten, versucht Sarah, sie konsequent zu ignorieren.
“Warst du zufällig am Freitag bei der Schulparty um etwa acht Uhr am Brunnen? Ich meine, so um diese Zeit muss ich meine Halskette wohl hier verloren haben”, fragt Sarah wie abgemacht nach. Ich kann nur staunend daneben stehen. So cool hätte ich meine Freundin gar nicht eingeschätzt.
“Nein, ich konnte leider nicht zur Schulparty kommen. Aber ich kann euch trotzdem beim Suchen helfen. Ist dir die Kette vielleicht in den Brunnen gefallen?”, will Felix wissen.
Piep! Leider war das die falsche Antwort! Also Felix kann es nicht gewesen sein.
“Äh, mir fällt grade ein, dass ich die Kette vielleicht zu Hause im Bad liegen lassen habe”, redet sich Sarah schlagfertig heraus.
Der verdatterte Felix sieht uns beide überrascht an, als wir uns umdrehen und einfach gehen. Dann macht er sich wieder auf den Weg zu seinen Freunden. Glück gehabt. Aber weit kommen wir nicht, denn sofort stellt sich uns ein anderer Junge in den Weg.
“Oh, hi, Tom”, flötet Sarah.
“Hi, Sarah, nice to see you”, begrüßt der Junge sie. Ich sehe verständnislos von einem zum anderen.
“I told you about Tom, remember? The exchange student from England?”, fragt mich Sarah mit einem strahlenden Lächeln. Natürlich!
“Ah, you must be Rika. The girl with toothache”, stellt Tom fest und streckt mir seine Hand entgegen.

Sarah, die alte Plaudertasche, hat ihm wohl mein ganzes Leben erzählt. Genervt schiele ich zu ihr hinüber. Aber Sarah bemerkt meinen Blick gar nicht, sondern schaut diesen Tom mit leicht geöffnetem Mund an.
"What are you looking for? My German isn't very good yet, I'm afraid. Did I hear you say you'd lost your necklace?", fragt Tom.
"That's right. No – I mean, no, I haven't", stottert Sarah.
"I can help you look for it, if you like", meint Tom hilfsbereit.
"No, no, you don't need to", versucht Sarah ihn davon abzubringen.
Aber sie hat nicht mit Toms außerordentlich großer Hilfsbereitschaft gerechnet.
"It's in the fountain, isn't it?", meint Tom.
Ohne eine Antwort von Sarah oder mir abzuwarten, zieht er seine Turnschuhe und Socken aus und hüpft mit einem eleganten Sprung mitten in den Brunnen. Ich klappe meinen Mund erstaunt auf und sehe zu, wie Tom voll bekleidet ins Wasser abtaucht. Prustend kommt er Sekunden später wieder an die Oberfläche und hält seine Hand vor Sarahs Gesicht.
"Look what I found! All this was on the bottom of the fountain", erklärt er, während er seine Hand verheißungsvoll öffnet. Sarah, Tom und ich sehen auf das Ergebnis seines Tauchgangs. Beinahe hätte ich schon damit gerechnet, dass wir in seiner Hand die Kette finden, die keiner von uns vermisst. Aber in Wirklichkeit kommen vier Kieselsteine, drei verrostete Centmünzen und einige undefinierbare, schleimig aussehende Dinge zum Vorschein.

“No, none of these are my necklace”, schüttelt Sarah mit leichtem Ekel in der Stimme den Kopf.
“What a pity. Shall I look again?”, fragt er und schiebt die Ärmel seines nassen T-Shirts nach hinten.
“No, no. I should look and see **whether** the necklace is at home in my bathroom. Maybe I’m wrong and I didn’t lose it at all”, hält Sarah ihn zurück.
Tom zuckt mit den Achseln und lässt den Inhalt seiner Hand wieder in den Brunnen fallen. Tropfnass watet er zum Brunnenrand, wo er Schuhe und Socken abgelegt hat.
“Ich glaub, der ist auch verrückt”, höre ich einen der Fünftklässler, die immer noch neugierig neben uns stehen, seinem Freund zuflüstern.
“Ha, ha, so ein Vollidiot!”, lacht hinter uns schallend eine Jungenstimme.
Ich drehe mich um und sehe Simon, der amüsiert an der Mauer unseres Schulhauses lehnt und seine Arme vor der Brust verschränkt hat.
“Dieser Engländer macht sich echt für die beiden Weiber zum Deppen! Ha, ha!”, brüllt Simon weiter.
Tom, der noch im Brunnen steht, und ich sehen irritiert zu Simon. Während Tom die Stirn runzelt und fragend zwischen Simon und mir hin- und herschaut, stapft Sarah energisch auf Simon zu.
“Mir sind hilfsbereite Menschen viel lieber als Typen, die ihr Hirn verloren haben. Ich würde mir an deiner Stelle gut überlegen, ob ich über Tom herziehe. Vielleicht brauchst du ihn ja noch zum Suchen. Aber wahrschein-

---

whether ob

lich ist in Sachen Hirnverlust bei dir eh schon alles zu spät", kontert Sarah wütend.
"What did she say?", fragt Tom ahnungslos.
"She told that guy he's an idiot", versuche ich, Sarahs Wortschwall zusammenzufassen.
"Wow, brave girl!", meint Tom bewundernd.
"Yeah, she's brave. She's got a lot of energy, too", versuche ich, Tom den Charakter meiner Freundin zu erklären.
"She should go on stage. I **reckon** she's a pretty good actor", stellt er fest.
"Yes, definitely", stimme ich ihm zu. Genau meine Worte.
"Kommt!", ruft Sarah mir und Tom zu.
"Come on. Let's go inside", übersetze ich schnell und reiche Tom meine Hand. Er hält sich daran fest und steigt tropfend aus dem Brunnen. Gemeinsam gehen wir los, um Sarah einzuholen. Tom hinterlässt dabei ein Rinnsal auf dem Asphalt.
In der Aula verabschiedet sich Tom von uns. "I'm really sorry I couldn't help you. See you again soon", fügt er hinzu, ehe er in Richtung Toilette verschwindet, um seine Klamotten unterm Händetrockner zu trocknen.
"Diesem Simon hast du aber ganz schön die Meinung gesagt", rufe ich begeistert, als ich mit Sarah allein in der Aula stehe. Erst jetzt bemerke ich, dass sie gar nicht glücklich aussieht. Um genau zu sein, sie sieht sogar ziemlich niedergeschlagen aus. Endlich fällt mir ein, was mit ihr los ist.
"Mensch, Sarah! Du hattest Simon ja beim Schulball deinen anonymen Liebesbrief hinterlassen, stimmt's?

---

to reckon vermuten

Aber dieser Kerl scheint echt nichts im Kopf zu haben. Und blöde Typen sind nichts für dich."

Nun habe ich mir doch glatt Sarahs Trostspruch geborgt. Und er zeigt auch bei ihr Wirkung.

"Du hast recht. Ich bin echt froh, dass ich keinen Absender auf den Brief geschrieben habe. So ein Glück aber auch", erwidert sie und sieht schon etwas weniger frustriert drein.

Arm in Arm schlendern wir zurück in unser Klassenzimmer, um uns der nächsten Frustration hinzugeben: Mathe bei Herrn Schnack.

Nach der Schule treffen Sarah und ich beim Verlassen des Schulgebäudes auf Tom. Er ist wieder trocken und winkt uns von Weitem zu.

"I've just had my first geography lesson", informiert er uns gut gelaunt.

"So now you know where Germans think Britain is on the map", probiere ich es mit einem Scherz. Tom grinst und nickt.

"I think I **made a laughing-stock of myself during** break, didn't I?", fragt er dann etwas zerknirscht.

Sarah schüttelt energisch den Kopf.

"Not at all!", behauptet sie.

Das ist eine glatte Lüge, sie verfehlt aber nicht ihre Wirkung.

"I don't really like **being the centre of attention**", erklärt er und grinst wieder.

---

to make a laughing-stock of oneself sich lächerlich machen
during während
to be the centre of attention im Mittelpunkt stehen

“Well, I like people who are **willing** to help others. And who aren’t always trying to be cool twenty-four hours a day”, meint Sarah und wird dabei ein bisschen rot.
“So, you don’t think I’m cool”, fragt Tom grinsend.
“Erm ... no, that’s not what I meant ...”, stottert Sarah und weiß offenbar gar nicht mehr, wo sie hingucken soll.
“So where are you living here in Munich?”, frage ich Tom, um das Thema zu wechseln und von Sarahs Verlegenheit abzulenken.
“Oh, I’m living in a pretty house with a very nice family called Kirchmeier. Is that the right pronunciation?”, fragt Tom verlegen.
Wir nicken bestätigend.
“And what do you like best here so far?”, will Sarah wissen.
“The huge park. It’s funny that they call it the ‘English Garden’. You see, it’s easy for me to feel at home here. Oh, and I like the fact that school finishes **at lunchtime** – in England we don’t get out till half past three.”
“How about German food? Do you like it?”, fragt Sarah neugierig.
“Yes, it’s delicious”, schwärmt Tom. “I wasn’t expecting that, actually. I really like **roast pork** with those funny **dumplings**.”
“Knödel”, kläre ich ihn auf. “That reminds me – I should go home. My mum will be waiting for me to come and have lunch.”

---

willing bereit
at lunchtime mittags
roast pork Schweinebraten
dumpling Knödel

"I'll come round to your house later", sagt Sarah zum Abschied. Ich nicke und hauche ihr zwei Küsschen rechts und links auf die Wangen.
Tom fragt: "Do I get a **kiss**, too?"
Jetzt aber nichts wie weg.

"Did you shoot your film for Lucy?", empfängt mich meine Mutter, kaum dass ich die Küche betrete.
Nein, habe ich natürlich nicht. Daran konnte ich schließlich nicht auch noch denken.
Dafür habe ich das dringende Bedürfnis, Lucy die Ereignisse des heutigen Schultages zu erzählen. Ich setze mich also gleich nach dem Essen und den lästigen Hausaufgaben an den Computer. Weil es in Neuseeland mittlerweile nachts ist, kann ich Lucy im Chat nicht erreichen. Darum schreibe ich ihr eine E-Mail.

From: rika.frederika@interweb.de
To: lucy.starworld@schoolserver.nz
Subject: **Embarrassing** day

Hi Lucy,
This morning Sarah and I **began** our **search** for the guy who sent me the love letter. Sarah told Felix that she'd lost her necklace in the fountain on the night of the school party, and asked him whether he was there around eight o'clock. But Felix said he wasn't at the

---

kiss Kuss
embarrassing peinlich
to begin (began, begun) beginnen
search Suche

party at all, so we sent him away. Then Tom, an exchange student from England, offered to help us. He jumped into the fountain and **fished about** for the necklace that didn't even **exist**. We were so **embarrassed**! Tom's a very nice guy, but he's definitely not the one we're looking for.
So what do we do now?? I've no idea how we're going to find Mr X.
I'm afraid I haven't shot anything for your project yet. I'm really sorry. But right now I have to think about how we're going to carry on with the **manhunt**.
Sweet dreams!
Rika

Kaum habe ich meinen Computer runtergefahren, klingelt es an der Tür.

---

to fish about for sth nach etw herumfischen
to exist existieren
embarrassed verlegen
manhunt Männerjagd

Summit Meeting

"Du hast waaas?", rufe ich entsetzt.
Sarah und ich sitzen auf meinem Bett. Bis vor zehn Sekunden fand ich das ganz gemütlich. Wie versprochen stand Sarah am späten Nachmittag auf der Matte. Doch bevor wir uns dem Misserfolg des Vormittags und weiteren Schritten zuwenden wollten, brauchten wir erst mal etwas Erholung. Wir breiteten meine ganzen Klamotten auf dem Fußboden aus, um zu entscheiden, wem von uns welche Farbe am besten steht. Ich finde ja, zu Sarahs dunklen Haaren sieht Pink toll aus. Aber ihre Lieblingsfarbe ist und bleibt Orange. Dafür mag ich Grün am liebsten. Und in leuchtendem Grasgrün lackiere ich mir auch gerade die Nägel, als Sarah mich mit ihrer Aussage total aus der Ruhe bringt. Als ich aufgebracht hochfahre, stoße ich das Fläschchen mit dem Nagellack um und ein grüner Fleck breitet sich unaufhaltsam auf meiner Bettdecke aus. Doch dieses Problem ist nichts gegen das, was Sarah mir soeben gebeichtet hat.
"Du kannst doch nicht einfach unser Geheimnis ausplaudern!", zische ich Sarah an. Die guckt betreten auf ihre Zehenspitzen.
"Ich dachte, es könnte uns vielleicht weiterbringen, wenn wir die männliche Seite in unsere Überlegungen mit einbeziehen", nuschelt Sarah.

---

summit meeting Gipfeltreffen

Na toll! Sie hört sich an wie Frau Hartmann, wenn sie uns erklären will, was man alles beachten muss, um ein gutes Referat zu schreiben.
"Du hast Tom von meinem geheimen Liebesbrief erzählt, damit er uns kluge Ratschläge geben kann?", frage ich verständnislos.
"Nein, ich habe dir doch erklärt, dass er mich gefragt hat, was wir beide aushecken. Er hat mitbekommen, dass wir in geheimer Mission unterwegs sind."
Ich bin immer noch genervt.
"Das ist doch kein Grund, ihm gleich alles auf die Nase zu binden!" Beleidigt verschränke ich die Arme vor der Brust.
"Ach komm, Rika! Es tut mir leid. Ich hätte ich dich vorher fragen sollen."
Allerdings. Sarah hat diesem Tom also von dem Liebesbrief erzählt. Wie peinlich! Wenn ich ihm nun über den Weg laufe? Was soll ich dann sagen, machen, denken? Aber es ist nun mal passiert, das ist nicht mehr zu ändern. Ich überlege, ob ich weiterhin böse auf Sarah sein soll. Aber meine Neugierde, was Tom zu dem Thema *anonymer Liebesbrief* zu sagen hat, ist größer als mein Ärger. Außerdem hat sie sich entschuldigt und sieht auch wirklich zerknirscht aus. Trotzdem setze ich noch einmal nach.
"Ich kann Tom nie wieder unter die Augen treten", jammere ich und schlage mit der rechten Hand auf die Bettdecke.
"Quatsch! Er ist total nett", widerspricht Sarah.
Eben deshalb ist es ja so peinlich. Er ist ein toller Typ. Dem vertraut man nicht einfach so Frauengeheimnisse

an. Aber nun will ich wenigstens wissen, was Tom dazu gesagt hat. In diesem Moment klingelt es an der Tür.
"Das kann er dir gleich selbst erzählen. Ich habe ihn nämlich eingeladen, vorbeizukommen", gibt Sarah kleinlaut zu. Ich schlage mir vor Entsetzen die Hände vors Gesicht. Das kann doch alles nicht wahr sein! Noch bevor ich mir überlegen kann, ob ich Sarah den Hals umdrehen soll, öffnet Mama meine Zimmertür.

"There's someone here to see you", meint sie und blickt neugierig zwischen Sarah und Tom, der neben ihr steht, hin und her, bis ihr Blick an mir hängen bleibt. Sie öffnet den Mund, um noch irgendwas zu sagen, aber das will ich nicht hören.
"Thanks, Mum." Ich gehe eilig zur Tür, schiebe meine Mutter mit der einen Hand aus dem Zimmer und ziehe Tom mit der andern herein. Dann drücke ich die Tür zu und lehne mich dagegen. Puh, was muss ich denn heute noch alles über mich ergehen lassen?
Wir machen es uns auf dem Fußboden bequem. Tom redet nicht lange um den heißen Brei herum.
"I think you should **check out** some of the older boys. Age before beauty, you know." Er grinst und fährt sich mit einer Hand durch sein struppiges rotblondes Haar. Dem Witz kann ich nicht so ganz folgen.
"A boy who writes like that, about clouds and a rainbow in your eyes, can't be all that young. I reckon he sounds pretty **mature**." Tom schaut mich vielsagend an.

---

to check sb out jdn unter die Lupe nehmen
mature erwachsen

"Hättest du nicht wenigstens die Einzelheiten des Briefs für dich behalten können?", zische ich Sarah zu. Sie mustert verlegen ihre Fußspitzen und räuspert sich. Obwohl Tom behauptet, sein Deutsch sei nicht besonders gut, scheint er mich durchaus verstanden zu haben.
"Don't be **offended**. The most famous detective in the world lived **just up the road** from me. You could say I'm sort of a **great-grandson** of Sherlock Holmes. I really can give you some good tips."
Na, wenn das kein Argument ist. Er sagt das so freundlich und ohne jede Ironie, dass ich schon wieder halb versöhnt bin.
"Look at the boys in years eight and nine. You're wasting your time looking for him in year seven."
Interessanter Ansatz.
"Our **operation** at the fountain this morning was **certainly** a **waste of time**. And it was really embarrassing, too", gebe ich zu.
Sarah grinst breit von einem Ohr zum anderen. Na, so komisch finde ich das jetzt auch wieder nicht. Sie schaut zu Tom und richtet ihren Zeigefinger direkt auf mein Gesicht.
"You look a bit **weird**, Rika", informiert mich Tom sachlich. Dann grinst auch er wie ein Honigkuchenpferd.

---

offended beleidigt
just up the road ganz in der Nähe
great-grandson Urenkel
operation Aktion
certainly ganz sicher
waste of time Zeitverschwendung
weird sonderbar

Ich werfe einen irritierten Blick in den Spiegel an meiner Schranktür. Auf meiner Wange ziehen sich einige leuchtend grüne Streifen vom Mund bis zum rechten Ohr. Nagellack. Na toll! Sarah und Tom kichern leise hinter vorgehaltener Hand. Wenn ich ehrlich bin, sehe ich wirklich sehr komisch aus. Meine Mundwinkel fangen an zu zucken. Dann können wir uns alle drei nicht mehr beherrschen und werden von einem unbeherrschbaren Lachkrampf überfallen. Als uns der Bauch schon richtig wehtut und uns vor Lachen die Tränen kommen, versuchen wir uns wieder zu beruhigen. Was uns erst nach ungefähr zehn Minuten gelingt.

“Okay, let’s think again. Which boy could have written your **mysterious** love letter?”, kommt Sarah schließlich auf das eigentliche Thema unserer Mission zurück. Aber das ist wirklich nicht einfach. Ich kenne ja kaum Jungen aus den achten und neunten Klassen. Andererseits schränkt das die Auswahl auch ein.

“Sorry, girls. Must **fly!**”, unterbricht Tom unsere Gedanken, nachdem er einen kurzen Blick auf seine Armbanduhr geworfen hat.

Auch Sarah muss los. Ihr Vater hat sie zum ausgiebigen Englischlernen verdonnert. Er denkt, so könnte sie kurz vor den Zeugniskonferenzen ihre Note noch mit einem glanzvollen mündlichen Test aufpolieren. Ich spreche ihr mein volles Mitgefühl aus.

Als die beiden weg sind, hole ich mir Zettel und Stift, um aufzuschreiben, welche Jungen aus höheren Klassen

---

mysterious geheimnisvoll
to fly sausen

ich kenne und wer davon wohl Mr XXX sein könnte. Für morgen habe ich Sarah konkrete Anhaltspunkte versprochen.
Gedankenverloren kaue ich auf meinem Kuli herum. Trotz intensiven Nachdenkens fällt mir kein einziger passender Junge ein. Der Zettel bleibt leer.
Ich werfe einen Blick auf meine Uhr und stelle fest, dass es bereits sechs Uhr ist. Ich sollte längst in der Turnhalle sein. Das Training der Akrobatikgruppe, bei der ich Einrad fahre, hat schon vor einer Viertelstunde begonnen. Und so entspannt, wie die Show schließlich rüberkommen soll, ist unser Trainer noch längst nicht, besonders nicht, wenn jemand zu spät kommt.
Darum lasse ich den Stift fallen, schnappe mir mein Einrad und rase los. Vielleicht fällt mir ja später noch jemand ein.

Als ich nach dem Training wieder zu Hause bin, werfe ich einen schnellen Blick in meine Mailbox. Dort liegt eine Antwort von Lucy.

From: lucy.starworld@schoolserver.nz
To: rika.frederika@interweb.de
Subject: Re: Embarrassing day

Hi Rika,
What an exciting morning! But if you really want to find your admirer, maybe you should try a bit of magic. Whisper these words: "Love comes; love **remains**; love

---

to remain bleiben

lasts forever." Make sure it's **full moon** when you say the **spell**. Oh, and you have to think of the unknown sender while you say it.
By the way, maybe your secret admirer is a little **shy**, because he **didn't sign** his letter. This is what **came to** my **mind** today – hope that helps ...
Please don't forget to send me your film SOON. I really need it for the competition. It's **urgent**!
Time to go to school. Yuck!
Big **hugs**,
Lucy

Sie ist eindeutig verrückt, meine liebe Cousine. Eine Beschwörung bei Vollmond! Aber den Hinweis mit dem schüchternen Jungen finde ich sehr nützlich. Ich denke nach ...

---

full moon Vollmond
spell Zauberspruch
shy schüchtern
to sign sth etw unterschreiben
to come to one's mind jdm einfallen
urgent dringend
hugs Umarmungen

Oh, Embarrass-ing Day

Am nächsten Tag erwartet uns in der Schule gleich in der ersten Stunde Frau Schiller. Bei ihr haben wir Musik, und eigentlich gefällt mir das Fach, weil wir coole Songs lernen und kaum Hausaufgaben machen müssen. Heute steht *Oh, Happy Day* auf dem Programm.

Während Frau Schiller vor der Klasse steht und wild dirigiert, versuchen die meisten Schüler, wenigstens einige Töne richtig zu treffen. Nicht allen gelingt es, und so hört sich das Lied zwar ziemlich laut, aber auch ziemlich schräg an.

Neben mir grölen David und Julian den Refrain aus vollem Hals und ich nutze die Chance, mit Sarah unser Gespräch von gestern wieder aufzunehmen.

“Ich habe mir überlegt, dass eigentlich nur ein Junge aus der neunten Klasse in Frage kommt”, flüstere ich in Sarahs Richtung.

“Was?”, flüstert Sarah zurück, weil ihr Tamara besonders laut ins Ohr singt und sie deshalb kein Wort versteht.

“Oh, happy day”, singt der Klassenchor.

“Es muss Tobias sein”, verkünde ich laut und deutlich, was aber im Gesang der anderen so gut wie untergeht. Sarah hat trotzdem verstanden und nickt.

“Was macht dich da so sicher?”, will sie wissen.

“Mir ist eingefallen, dass er gestern ganz lieb gelächelt hat, als wir nach der Brunnenaktion ins Schulhaus ge-

kommen sind. Der hat bestimmt gewusst, was wir da draußen wollten."
"Wenn du meinst." Sarah scheint nicht sehr überzeugt.
"He **washed** my **sins away**!", schreit Tamara und wippt mit ihrem Oberkörper zum Rhythmus des Liedes.
"Außerdem trägt er immer so ein tolles Käppi."
Sarah rollt mit den Augen.
"Und er hat wundervolle blaue Augen", erhärte ich meine Theorie.
Meine Worte werden von Tamara lautstark übertönt.
"Was?", fragt Sarah deshalb nach.
"Er ist eben total süß!", rufe ich – genau in dem Augenblick, als Frau Schiller den Abschlag dirigiert. Alle hören abrupt auf zu singen und mein "total süß" hallt durch den Musiksaal. Die Augen meiner Mitschüler richten sich auf mich und starren mich an.
Nur Frau Schiller reagiert gelassen: "Das ist der falsche Text, Rika."
Ich werde knallrot im Gesicht und schaue betreten zu Boden.
"Tschuldigung", hauche ich mit wenig Energie.
"Wenn du schon nicht mitsingst, dann stör wenigstens die anderen nicht dabei."
Frau Schiller schüttelt missbilligend den Kopf und wendet sich dann der Tafel zu, um den heutigen Hefteintrag aufzuschreiben. Die anderen grinsen mich schadenfroh an. Während wir auf unsere Plätze gehen, sehe ich mich nach einem Loch im Boden um, in dem ich

---

sin Sünde
to wash sth away from sb jdn von etwas reinigen

verschwinden könnte. Aber da sich im Moment keins finden lässt, hole ich mein Heft aus der Schultasche und fange an zu schreiben. Dabei senke ich konzentriert den Kopf und wage nicht einmal mehr, Sarah anzusehen.

Als wir nach dieser megapeinlichen Musikstunde zurück in unser Klassenzimmer gehen, ist Sarah von meiner Idee mit Tobias immer noch nicht sonderlich überzeugt.
"Lass uns in der Pause erst mal ein paar Jungs aus der Neunten beobachten. Vielleicht ergeben sich ja brauchbare Hinweise. Oder dieser Tobias ist es wirklich und verrät sich irgendwie. Wer weiß?"
Diesen Vorschlag halte ich für einigermaßen agententauglich. Also verabreden wir uns zur geheimen Beschattung von Mr XXX auf dem Pausenhof.

Als es im Spiel *Kämpf dich durch den Schultag* endlich zur Halbzeit läutet, eile ich meiner Freundin voraus. Ich möchte nämlich von niemandem aus der Klasse auf meine tolle Sprecheinlage in der Musikstunde angesprochen werden. Außerdem bin ich mir inzwischen absolut sicher, dass ich spätestens in ein paar Minuten wissen werde, wer mein geheimer Verehrer ist, nämlich Tobias. In den letzten Wochen war er auffällig oft dort, wo auch ich mich in der Pause oder im Schulhaus aufhielt. Das, finde ich, ist ein sicheres Zeichen dafür, dass er echtes Interesse an mir hat. Und wenn er sich schon nicht traut, es mir persönlich zu sagen, dann hat er eine ganz besonders romantische Art gefunden, seine Gefühle auszudrücken.

Verträumt schließe ich die Augen und muss seufzen, als ich wieder an die Worte in dem Brief denke. Dabei fühle ich mich auch wie auf einer Wolke. Genau wie Tobias in dem Brief geschrieben hat. Meine Güte, wie diese Gedanken im Bauch kitzeln! Bestimmt wird er gleich mit seinen Freunden darüber reden, dass ich mich noch immer nicht bei ihm gemeldet habe. Dann kann ich über einen der anderen Jungen eine Nachricht an Tobias weitergeben. Ach! Ich muss schon wieder seufzen.

Auf dem Schulhof laufen Sarah und ich Tom direkt in die Arme. Er hat schon auf uns gewartet und ist unheimlich neugierig.
"Where's your list of possible admirers?", fragt er mich, ohne sich lange mit einer Begrüßung aufzuhalten.
"No list, but I have an idea", antworte ich.
"Who is it?", fragt Tom flüsternd und sieht sich verstohlen um, als könnte er den Verdächtigen auf den ersten Blick erkennen.
"I think it's Tobias. He's **smart**, he's older, and he doesn't have a girlfriend."
"What makes you so sure?", will Tom wissen.
"I've been watching him. Come on, let's hide behind the bushes on the **edge** of the playground. The boys in year nine meet here every day", flüstere ich Tom verschwörerisch zu.
Tom nickt und folgt Sarah und mir unauffällig. Wir schleichen uns wie echte Detektive an gackernden

---

smart klug
edge Rand

Schülergruppen vorbei und erreichen das Gestrüpp am Rand des Schulhofs, ohne dass jemand auf uns aufmerksam wird.
"Good **hideout**", lobt Tom, als wir uns zu dritt hinter den Knallerbsenstrauch ducken.
"Look, that's Tobias!" Ich zeige auf den süßen Jungen, der gerade sein Käppi auf dem Kopf gerade rückt.
"But why wouldn't he have signed the love letter?", stellt Tom eine berechtigte Frage.
Ich zucke mit den Schultern und beiße mir auf die Unterlippe.
"Let's listen to their conversation", schlage ich vor.
"Oh, damn! He's turned his back. Now we can't read his **lips**", haucht Sarah.
"Shhh! Just listen carefully – see if you can hear what they're talking about", fordert uns Tom auf.
Wir lauschen angestrengt.
"Ich finde, Poldi hat gestern echt gut gekickt!"
"Aber Klose auf der Ersatzbank, na, ich weiß nicht."
"What did they say?", flüstert mir Tom ziemlich laut ins Ohr.
"I think they're talking about football. They're definitely not talking about me, anyway", kläre ich ihn auf.
"Aber den Freistoß haben sie trotzdem vergeigt." Das war Tobias. Ich warte darauf, dass er endlich auf die wichtigen Dinge des Lebens zu sprechen kommt. "Ich finde, da muss Jogi beim nächsten Spiel echt gut überlegen, wen er bringt."

---

hideout Versteck
to read sb's lips jdm von den Lippen ablesen

"Are they **professional footballers**?", staunt Tom, obwohl er sicher kaum ein Wort verstanden hat.
"That's not how I'd describe them, no", meint Sarah nüchtern. "Rika, I don't think Tobias is the one who sent your love letter."
Wahrscheinlich hat sie recht. Resigniert erhebe ich mich, um mich wieder aus dem Gestrüpp zu schälen.
"Da sind ja die zwei Detektivinnen und dieser Engländer!", ruft plötzlich eine Stimme neben mir. Nicht nur ich, sondern auch sämtliche Jungen aus der Clique der Neunten drehen sich um. Simon steht breitbeinig da, Hände in den Hosentaschen, und grinst uns an. Woher weiß der denn, was Sarah, Tom und ich hier machen? Hilfesuchend werfe ich Sarah einen Blick zu, aber die zuckt nur mit den Schultern.
"Habt ihr die Kette gestern noch gefunden?", fragt er.
Sarah verdreht die Augen.
"Sag mal, Rika, hast du kurz Zeit? Unter vier Augen, meine ich", wechselt Simon das Thema und sieht plötzlich ganz ernst aus. Darüber bin ich so überrascht, dass mir kein passender Spruch einfällt und ich einfach nicke.
Ich lasse Sarah und Tom zurück und gehe mit Simon auf die andere Seite des Hofes in die Nähe des Heckenzauns. Dort kommt Simon zur Sache.
"Wer von euch Mädels mag eigentlich gern Briefe?"
"Hä?" Ich verstehe kein Wort.
"Ich meine, ich bin ja auch romantisch veranlagt. Im Grunde genommen könnte man das so sagen."

---

professional footballer Profi-Fußballspieler

Simon stottert herum und betrachtet dabei die Spitzen seiner Turnschuhe, als hätte er sie noch nie gesehen.
"Ich meine, so eine Wolke sieben veranlasst einen ja manchmal, ein paar Zeilen zu schreiben, hab ich recht?"
Ich werd verrückt ... das darf doch nicht wahr sein ...
"Ich finde, man sollte schon ehrlich zu seinen Gefühlen stehen", murmelt Simon mit rauer Stimme.
Jetzt bloß nichts Falsches sagen.
"Wie meinst du das denn?", frage ich vorsichtig nach.
"Na, wenn man auf Wolken schwebt, meine ich."
"Du kennst dich aus mit Wolken und so?", frage ich und merke im selben Moment, wie bescheuert das klingt. Ich kann es einfach nicht fassen. Simon kennt also den Inhalt von meinem Liebesbrief. Das kann doch nur eins bedeuten: Er ist es! Mein geheimer Verehrer. Das hätte ich nicht erwartet. Und eigentlich will ich gar nichts von Simon. Überhaupt nichts. Nicht mal die kleinste Kleinigkeit!
"Nein, ich verstehe wenig von Wolken. Aber so eine gewisse Absenderin, die unbekannt bleiben wollte, kennt sich anscheinend damit aus." Jetzt grinst Simon wieder sein bekanntes Macho-Grinsen, das ich nicht ausstehen kann. Was noch schlimmer ist: Ich verstehe gar nichts mehr. Ist er's nun oder ist er's nicht?
"Du kannst es ruhig zugeben, Rika. Du hast mir doch auf der Schulparty einen Brief ohne Absender geschickt."
Endlich begreife ich, worauf Simon hinauswill. Sarahs Brief!
"Tut mir leid, von mir hast du keinen Brief bekommen", gebe ich Simon so höflich wie möglich einen Korb und liefere auch den Beweis dazu: "Ich war an dem Abend

krank, also kann ich es gar nicht gewesen sein. Sorry, aber ich muss jetzt wieder zurück zu Sarah und Tom. Tschüs!"

Das war knapp! Sozusagen Rettung in letzter Sekunde. Wie kommt Simon nur auf die Idee, dass ich was von ihm will? Und dabei tut er dermaßen cool, dass er sicherlich eher seine Freunde als irgendein Mädchen damit beeindruckt. Mich schon gar nicht. Es klingelt. Heute freue ich mich, dass die Pause vorbei ist. Ein Wunder!

Ich versuche, einen besonders eleganten Abgang zu machen, indem ich hoch erhobenen Hauptes davonschreite. Leider übersehe ich dabei einen Rucksack, den irgendein Idiot mitten auf dem Schulhof stehen lassen hat. Prompt trete ich zwischen die beiden Rückenriemen und verheddere mich mit den Füßen darin. Während ich noch um mein Gleichgewicht kämpfe, hält mich eine Hand an der Schulter fest und verhindert, dass ich falle. Ich sehe mich um und bin erstaunt, wer hinter mir steht: Sebastian.

"Be careful! I don't want you to hurt yourself", meint er lächelnd.

"Thanks. I'm fine", sage ich dankbar. Er zwinkert mir zu und geht weiter.

Sarah und Tom warten vor dem Eingang auf mich.

"What happened?", fragt Sarah, als ich bei ihnen bin.

"Nothing serious. Your brother just **caught** me - I **was about to fall flat on** my **face**", erkläre ich.

---

to catch sb jdn auffangen
to be about to do sth kurz davor sein, etw zu tun
to fall flat on one's face auf die Nase fallen

Sarah rollt mit den Augen. “Sebastian is such a gentleman”, spottet sie.
“Oh, come on! What’s wrong with that? He was just being friendly”, verteidige ich ihn.
Ist das immer so bei Geschwistern, dass sie ständig genervt voneinander sind? Ich kann da nicht mitreden, denn ich habe keine. Aber Sebastian ist nett. Finde ich jedenfalls. Egal, was Sarah dazu sagt.
“Let’s go inside. I don’t want to be late”, beendet Tom unser Gekabbel.

Als Nächstes steht English Conversation auf dem Stundenplan. Eigentlich ist das meine Lieblingsstunde, aber heute kann ich mich nur schwer konzentrieren, denn ich bin immer noch ganz aufgewühlt von den Erkenntnissen – oder besser gesagt: Nichterkenntnissen – der Pause.
“I see you’re **safe and sound**”, begrüßt mich Sebastian, der in der zweiten Reihe Platz genommen hat. Ich nicke ihm zu und setze mich neben ihn. Sarah nimmt stöhnend neben mir Platz, hat aber keine Zeit, sich über ihren Bruder zu beschweren.
“I’d like to introduce you all to Tom.” Mit diesen Worten und Tom im Schlepptau betritt Mrs Timberland den Raum.
Tom grinst ein wenig verlegen. “Hi, everyone. I’m here as an exchange student for six months. If you want to know anything about me, or if you have any questions about Britain, please ask. I might even answer, as long

---

safe and sound heil und gesund

as the questions aren't too **intimate**", begrüßt er alle Anwesenden. Typisch. Tom ist ein richtiger Scherzkeks. Sarah scheint es zu gefallen, denn sie lacht laut auf.
"Why don't you tell us something about your experience of being an exchange student?", fordert Mrs Timberland ihn auf.
"Sure. It's great. I've travelled only about seven hundred miles, and I'**m** already **getting to know** a very different culture", beginnt er zu erzählen, wird aber gleich wieder von Mrs Timberland unterbrochen.
"What do you think is so different about the two cultures? **After all**, Britain and Germany are both **northern European** countries."
"That's true, but they are different. **First of all**, at home I can understand what people are saying! In Germany, or **rather** in **Bavaria**, I can **hardly** understand anything, although I've been learning German **for a couple of** years now", sagt Tom und Mrs Timberland nickt wissend. "It's nice to meet people who are so **relaxed** and funny", fährt Tom mit einem schiefen Grinsen in Sarahs und meine Richtung fort. "Umm ... what else? People

---

intimate intim
to get to know sth etw kennenlernen
after all schließlich
northern European nordeuropäisch
first of all zunächst mal
rather besser gesagt
Bavaria Bayern
hardly kaum
for seit
a couple of ein paar
relaxed locker

here drive on the wrong side of the road. That's pretty weird for me. And the steering wheels of the cars are on the wrong side too. On my first day here in Germany I got a real shock when we were driving down the autobahn – I thought all the cars were driving **themselves**, like in a science fiction movie; everyone was sitting in the **passenger seat**."
Sarah kann sich vor Lachen kaum noch in der Bank halten.
"He's a bit of a **joker**, isn't he?", flüstert Sebastian mir zu.
"Yes, but he's a really nice guy", verteidige ich meinen Detektivkollegen.
"The other thing I've noticed is that all the boys here are professional football players", meint Tom grinsend und fügt hinzu: "Just like in England."
Ich stöhne und Sarah kichert. Na, prima.
"What were you doing behind the bushes during break, by the way?", fragt mich Sebastian plötzlich flüsternd. Er hat unsere Lauschaktion also mitbekommen. Wie peinlich!
"We were looking for someone", flüstere ich zurück.
"In the bushes?", fragt Sebastian amüsiert.
"Of course not", gebe ich etwas beleidigt zurück. "But you have to start somewhere."
"Trust your **instincts**", rät mir Sebastian. Interessanter Tipp.

---

themselves *hier:* von selbst
passenger seat Beifahrersitz
joker Scherzkeks
instinct Instinkt

“Listen to Tom, please, Rika and Sebastian”, fordert uns Mrs Timberland auf, unsere Privatgespräche einzustellen. Na gut, dann höre ich eben wieder hin, was Tom für Witze auf Lager hat. Keep smiling!

Caught Red-Handed

Mrs Timberland ist kaum zu bremsen. Immer mehr will sie von Tom wissen und der lässt die Fragerei klaglos über sich ergehen. Ich fange an, mich zu langweilen, denn Toms Witze wiederholen sich. Mrs Timberland scheint es irgendwann auch zu merken und bricht die Vorstellung ab. "Let's read an article in *What's New?*", schlägt sie vor und Tom darf sich setzen.

"Is this seat **taken**?", fragt er Sarah.

Die schüttelt lächelnd den Kopf und klopft einladend auf die Sitzfläche des Stuhls neben sich.

"I'm guessing that boys and girls have similar problems with each other in Britain as they do here in Germany." Mrs Timberland zwinkert Tom zu und wendet sich dann gleich an Sarah. "Sarah, please will you read the article on page nine? A reader **has written in** to ask for some **advice**."

Sarah beginnt zu lesen: "I **have a dilemma.** I really liked this guy, so when he **asked** me **out for a date**

---

caught ertappt
red-handed auf frischer Tat
taken besetzt
to write in einen Leserbrief schreiben
advice Rat
to have a dilemma in der Klemme stecken
to ask sb out for a date jemanden fragen, ob sie (er) mit ihm (ihr) ausgehen möchte

I was **over the moon**. But then he **broke up with** me a few days later. When I asked him why, he just said that he had no time for a girlfriend because he was busy with the football team and all his other hobbies. I felt like my heart was broken. Later I found out he'd only asked me out because his friends **dared** him to. It was just for a **bet**! He won three pounds for asking me to go out with him. I feel so stupid. I can't believe I even liked someone who thought I was only **worth** three pounds. They're probably all just **laughing at** me behind my back. What should I do? I'm completely **at a loss**."

Sarah schüttelt den Kopf. "That's no **loss**", kommentiert sie und ballt die rechte Hand zur Faust. "She should **punch** him in the face, the idiot!"
Tom sieht Sarah etwas besorgt von der Seite an, als befürchte er, gleich einen Haken von seiner linken Sitznachbarin zu bekommen.
"Can we find a **non-violent solution**?", will Mrs Timberland wissen.
Prompt bricht eine Diskussion los, wie man mit gemeinen Machos, falschen Verehrern und anderen Problemen

---

over the moon überglücklich
to break up with sb mit jdm Schluss machen
to dare sb jdn herausfordern
bet Wette
worth wert
to laugh at sb jdn auslachen
at a loss ratlos
loss Verlust
to punch sb jdn schlagen
non-violent gewaltlos
solution Lösung

am besten fertig wird, ohne handgreiflich zu werden. Nicht mein Problem. Ich krame in meiner Hosentasche nach meinem Liebesbrief und lege ihn auf mein *What's New?*. Verträumt gleiten meine Augen über die Buchstaben, Wörter und Zeilen.

"Psst, psst", zischt Sarah neben mir. Was will sie denn? Ich schaue irritiert hoch. Mein Blick bleibt an einem weißen Blusenknopf hängen, der direkt vor meiner Nase schwebt. Und dieser Knopf gehört zu nichts anderem als Mrs Timberlands Blümchenbluse. Meine Augen wandern höher und mein Mund verzieht sich wie unter Schmerzen. Oh, nein! Kopfschüttelnd beugt sich Mrs Timberland zu mir herunter.

"Rika, what are you reading?", fragt sie und streckt ihre Hand aus. Hektisch versuche ich, den Brief verschwinden zu lassen. Zu spät. Die Falle ist zugeschnappt, und zwar in Form von Mrs Timberlands Daumen und Zeigefinger, die unerbittlich meinen Liebesbrief in die Zange nehmen.

"It's ... er ... a text for a **research project**", versuche ich vergeblich zu retten, was nicht mehr zu retten ist.

"Ah, romantic **literature** of the twenty-first century. **I see**", spottet Mrs Timberland. Meine Wangen glühen. Bestimmt habe ich längst die Farbe einer überreifen Tomate angenommen. Sie linst doch glatt in MEINEN Brief!

"I don't think we should read other people's letters, Mrs Timberland", versucht Sebastian neben mir, für mich einzutreten.

---

research project Forschungsprojekt
literature Literatur
I see. Verstehe.

"Oh, but we don't need to worry about that, do we, Sebastian? This is just a text for a research project", kontert Mrs Timberland. Schlagfertig war sie schon immer, das muss man ihr lassen. Sie dreht sich um und geht zurück zum Lehrerpult. Meinen Brief nimmt sie mit und versenkt ihn in ihrer Aktentasche.
Die Augen der andern richten sich langsam wieder nach vorn. Die Vorstellung ist vorbei, trotzdem klatscht niemand Applaus. Einige grinsen. Sarah und Tom sehen mich mitleidig an. Sebastian wirft mir einen entsetzten Blick zu. Wirklich nett, dass er so viel Mitgefühl zeigt, auch wenn mir das jetzt nicht weiterhilft.
Den Rest der Stunde versucht Sebastian immer wieder, mir etwas zuzuflüstern. Aber ich winke ab. Noch eine peinliche Ermahnung von Mrs Timberland ertrage ich heute nicht.

"Du hast Simon wirklich nicht verraten, wer den Brief an ihn geschrieben hat? Nicht mal angedeutet?"
Sarah stellt mir nun schon zum achten Mal die gleiche Frage. Wir sitzen bei ihr im Garten unterm Apfelbaum auf einer Decke. Eigentlich ist das hier im Sommer unser Lieblingsplatz. Etwas versteckt, schattig und irgendwie geheimnisvoll mit dem hohen Gras um uns herum und der Baumrinde im Rücken. Aber heute ist mir das alles egal.
Sarah und ich haben uns zu einer dringenden Agentinnen-Krisensitzung getroffen, um zu beratschlagen, wie ich wieder an meinen Brief komme, der einsam unter vielen Unterlagen in Mrs Timberlands Aktentasche eingesperrt ist. Aber Sarah interessiert sich im Augenblick

nur für Simon. Also eigentlich interessiert sie sich *nicht* mehr für Simon. Ihr Brief an ihn ist ihr mittlerweile peinlich. Darum will sie unbedingt wissen, was Simon von mir wollte.
“Nein, ich habe kein Sterbenswörtchen von dir gesagt. Simon dachte, ich hätte den Brief geschrieben. Hoffentlich konnte ich ihn vom Gegenteil überzeugen. Ich hab auch ohne ihn genug Schwierigkeiten.”
Sarah sieht mich verständnislos an.
“Mrs Timberland! Schon vergessen?”, rufe ich empört.
“Äh … ja, natürlich. Der Brief.”
Jetzt ist Sarah wieder ganz bei der Sache.
“Fassen wir doch mal zusammen: Mrs Timberland hat in ihrer Tasche einen Liebesbrief”, stellt sie fest.
Ich zupfe einen Grashalm ab, versuche ihn genau der Länge nach in der Mitte zu teilen und nicke resigniert.
“Der Liebesbrief gehört aber nicht ihr, sondern dir.”
Ich nicke weiter und wickle mir dabei den Grashalm um meinen linken Zeigefinger.
“Und wenn du den Zettel einfach aus ihrer Tasche holst?”, überlegt Sarah. “Tom und ich könnten versuchen, sie abzulenken. Wir müssten nur wissen, wann sie in welchem Raum ist. Dann könntest du heimlich die Tasche öffnen und den Brief an dich nehmen.”
“Keine schlechte Idee. Aber ihr würde doch sofort auffallen, dass der Brief weg ist.”
Mutlos wickle ich den Grashalm wieder vom Finger.
“May I **disturb** you for a **second**?”

---

to disturb stören
second Sekunde

Erschrocken schaue ich auf. Sebastian kommt mit zwei Kissen auf uns zu. Er lächelt freundlich.
“I’m off to the lake and I need a blanket. Could we swap? I’ll take the blanket and you can make yourselves **comfortable** on these **cushions**.”
Sarah funkelt Sebastian ärgerlich an.
“Sure, you can have the blanket. That seems like a fair **swap**”, sage ich und lächle zurück.
Sebastian ignoriert seine Schwester und reicht mir die Hand, um mir beim Aufstehen zu helfen. Dafür revanchiere ich mich und helfe ihm, die Decke auszuschütteln und zusammenzufalten.
“Can I **have a** quick **word with** you?”, fragt mich Sebastian flüsternd.
Was er wohl will? Aber darüber kann ich mir im Moment leider nicht den Kopf zerbrechen. Denn auch Sarah hat Sebastians Flüstern verstanden und mischt sich ein.
“Nein, kannst du nicht. Siehst du nicht, dass wir beschäftigt sind und dass du störst?”, fährt sie Sebastian an.
Eigentlich hat sie recht, denn wir wollten uns mit der wichtigen Frage “Wie bekomme ich meinen Liebesbrief unauffällig zurück?” beschäftigen. Und es gibt nichts, was mir im Moment mehr auf den Nägeln brennt. Ich lächle Sebastian entschuldigend an.
“Maybe another time?”, schlage ich vor.

---

comfortable bequem
cushion Kissen
swap Tausch
to have a word with sb kurz mit jdm reden

Sebastian nickt.
“Have a nice afternoon”, wünscht er uns noch. Dann ist er mit der Decke unterm Arm verschwunden. Sarah und ich lassen uns auf die beiden Kissen plumpsen und denken angestrengt nach.
Plötzlich habe ich eine Erleuchtung.
“Ich weiß, wie es klappen könnte!”, rufe ich. “Dein Bruder ist wirklich klasse!”
Sarah sieht mich an, als hätte ich ihr soeben erzählt, dass ich Herrn Schnack heiraten möchte.
“Na, er hat doch gerade die beiden Kissen hier zum Tauschen mitgebracht”, erkläre ich geduldig.
“Ja, und?”, fragt Sarah verständnislos.
“Das ist *die* Idee: Ich werde den Brief austauschen.”
Sarah versteht immer noch nicht.
“Na, ich schreibe einfach einen neuen Text. Auf dem gleichen Papier wie mein Liebesbrief. Und dann tausche ich die beiden Zettel aus.”
Da endlich hat sie kapiert, was ich vorhabe.
“Genial! So kannst du dir den Brief zurückholen, ohne dass Mrs Timberland der Verlust auffällt.”
Sarah ist begeistert und wir machen uns sofort an die Arbeit.

Sarah findet in den Tiefen ihrer Schreibtischschublade ein blütenweißes Blatt Papier. Gut, dass der Liebesbrief auf weißem Druckerpapier geschrieben wurde und nicht auf irgendeinem Herzchen-Blümchen-Rüschchen-Papier. Dadurch lässt sich die leere Rückseite schon mal leicht imitieren. Dann muss ich nur noch meine Schrift verstellen und die Vorderseite vollschrei-

ben, sodass der Brief dem anderen zum Verwechseln ähnlich sieht. Aber dann fällt mir plötzlich ein, dass Mrs Timberland die Zeilen zumindest überflogen hat und den Inhalt ungefähr kennt.
“Wenn sie ihn nicht ganz gelesen hat, könntest du einfach einen neutralen Text mit den wichtigsten Schlagworten aus dem Liebesbrief verfassen”, schlägt Sarah vor, “sodass es aussieht wie ein Text für ein echtes Forschungsprojekt.”
Gemeinsam überlegen wir. Weil ich den Brief in- und auswendig kenne, fällt es mir nicht besonders schwer, den Inhalt noch mal aufzuschreiben. Daran basteln wir dann herum. Ich mache den Anfang.

Research Project
I dreamt of you.

“So ein Quatsch! Das hört sich doch wieder an wie ein Liebesbrief”, meint Sarah. Ich lese den Satz noch einmal und gebe ihr recht. Es dauert eine Weile, bis wir uns auf eine Fassung einigen, die wir für fast perfekt halten.

Research Project: **Dream Interpretation**
Dream interpretation is very popular **these days**. For example: if somebody is standing in a meadow full of flowers, or sees waves on the sea, or smells a **marvellous** scent, it means that person will soon meet **the**

---

dream interpretation Traumdeutung
these days heutzutage
marvellous wundervoll

one they love. In **reality**, dreams about **glorious** flowers and rainbows and clouds just mean that you want to spend more time **outdoors**. **Likewise**, dreams about the sun and the moon and flying through the sky mean that you want to **go travelling**.
If your dream is interrupted by the alarm clock, you should try to remember it and write it down. Otherwise you will quickly forget it, and will keep wondering what the dream was about.
It's interesting to think about what clouds, flowers and other things you dream of could mean in your **daily life**. Dreams can also be a **fountain** of **creative** inspiration.

Mit dem Ergebnis sind wir schließlich beide sehr zufrieden und Sarah greift zu ihrem Handy, um Tom über unseren genialen Coup zu informieren und sich mit ihm am nächsten Morgen vor dem Schulsekretariat zu verabreden. Am Abend schreibe ich zu Hause den Text mit verstellter Schrift ins Reine.

Noch vor der ersten Stunde stehen Sarah, Tom und ich vor der Stundenplantafel im Flur zum Sekretariat und informieren uns über den Unterricht von Mrs Timber-

---

the one they love den Geliebten, die Geliebte
reality Wirklichkeit
glorious herrlich
outdoors im Freien
likewise desgleichen
to go travelling auf Reisen gehen
daily life Alltag
fountain Quelle
creative schöpferisch

land. Nach der großen Pause wird sie in der 9c sein. Raum 013.
"Thirteen was always my **lucky number**", murmele ich, um mir Mut zu machen.
Nach Deutsch, Geschichte und Biologie stürmen die andern aus unserer Klasse ins Freie. Nur Sarah und ich haben es nicht besonders eilig. Wir spazieren ganz locker den Gang entlang und sehen uns verstohlen immer wieder um. Wie zufällig schließt sich uns auch Tom an, der aus einer Mathestunde angetrabt kommt. Auf dem Weg zu Raum 013 halte ich mich mit schweißnassen Händen an dem Zettel in meiner Hosentasche fest. Bestimmt hinterlässt dieses Geknülle Spuren. Aber so wird er seinem bereits abgegriffenen Original umso ähnlicher. Die Tür von Raum 013 ist nur angelehnt. Wir schleichen uns vorsichtig an und Tom späht durch den Türspalt.
"Everyone's outside on their break. Mrs Timberland is alone in the room, packing her bag", raunt er uns zu. Dann übernimmt er das Kommando: "Let's go! I'll wait for her just around the next corner. Sarah, you try and make her hurry out. Rika, when she's **gone** you can **dart** into the room and swap the letters."
"Why do I have to do the most dangerous **bit**?", frage ich nervös, während ich meine feuchten Hände an meiner Jeans abwische.

---

lucky number Glückszahl
gone weg
to dart flitzen
bit Teil

"Because it's your letter, and you were the one who was **dumb** enough to **get caught** with it", sagt Tom und lacht.
Sarah stimmt ihm grinsend zu. Widerstrebend ergebe ich mich in mein Schicksal.

---

dumb dumm
to get caught erwischt werden

Returned Post

„Ou-ou-ouch!", höre ich Tom jammern. Zu sehen ist er nicht, weil er sich wie abgesprochen hinter der nächsten Ecke auf dem Boden wälzt.

Während ich mich an die Wand neben der Tür zu Raum 013 drücke, rennt Sarah scheinbar panisch in das Klassenzimmer. Eine wirklich tolle Schauspielleistung!

"What's happened?", fragt Mrs Timberland erschrocken.

"Please can you come, Mrs Timberland? Tom's in a lot of pain. I think he's got a really bad **cramp**. Can you help?", keucht Sarah.

Die Taktik geht auf. Sekunden später rennt Sarah mit Mrs Timberland im Schlepptau aus dem Klassenraum. Ich warte einen Moment, dann schlüpfe ich vorsichtig ins Zimmer. Mrs Timberlands Tasche steht auf dem Boden neben dem Lehrerpult. Offenbar hat sie sich zumindest noch die Zeit genommen, die Klappe zu schließen.

Ich komme mir vor wie eine Schwerverbrecherin. Mein Herz klopft so laut, dass es locker mit dem Schlagzeug von Tokio Hotel mithalten könnte. Mittlerweile habe ich nicht nur feuchte Hände, es läuft mir auch ein Rinnsal von Angstschweiß den Rücken hinunter. Es fehlt nur noch eine schrille, immer lauter werdende Melodie im

---

cramp Krampf

Hintergrund. Wie in einem Thriller. Gleich kommt der Mörder mit dem Messer von hinten ...
Rasch schleiche ich zu der Aktentasche und greife nach der Verschlussklappe. Meine zitternden Finger kämpfen einige Sekunden mit der Schnalle. Dann macht es endlich klick. Dass so ein Schließknopf beim Aufschnappen aber auch so einen Höllenlärm machen muss! Nervös schaue ich zur Tür. Niemand zu sehen. Leicht panisch durchsuche ich die Unterlagen in der Tasche. Bücher, ein Notizbuch, ein Packen Hefte mit bunten Umschlägen, mehrere Schnellhefter, einige einzelne Blätter und ... endlich finde ich das, wofür es sich lohnt, sein Leben aufs Spiel zu setzen: meinen Liebesbrief!
Erfreut und erleichtert zugleich ziehe ich den Zettel aus der Tasche und drücke ihn an meine Brust. Nun fühle ich mich irgendwie wieder komplett! Schnell stecke ich den Brief ein und ziehe gleichzeitig mit der anderen Hand den Text zu meinem "Forschungsprojekt" aus meiner Jeanstasche. Schon ist er in Mrs Timberlands Tasche verstaut. Jetzt noch die Klappe schließen und die Operation ist gelungen.
Als ich aufstehe, knackt es laut. Waren das jetzt meine Knie oder hat man tatsächlich gehört, wie mir ein Stein vom Herzen fällt? Gerade will ich in Jubel ausbrechen, als ich vom Flur her Stimmen höre, die sich dem Klassenraum nähern.
"Rika, what are you doing in here?", fragt mich Mrs Timberland, die gleichzeitig mit Sarah den Raum betritt, den hinkenden Tom im Schlepptau.
"I just ... er, I just wanted to ...", stottere ich.

"She just wanted to ask if she could have the piece of paper back – the one you took in the English Conversation class", unterbricht mich Sarah. "We were both on our way here to ask about it when we found Tom in the **corridor**."
Tom lässt sich ächzend auf einen Stuhl fallen und ergänzt: "Come on, Mrs Timberland, you'll give it back to her, **won't you?**"
Mrs Timberland schaut mich stirnrunzelnd an und schüttelt dann energisch den Kopf.
"Reading love letters in class is simply not okay. It's important that you learn this."
"But it really *was* a text for a research project", verteidigt mich Sarah.
"It was silly of Rika to read it during your lesson", räumt Tom ein. "But she knows that, and she's sorry. Aren't you, Rika?" Er strahlt Mrs Timberland an und Sarah rammt mir ihren Ellenbogen so heftig in die Seite, dass mir für eine Sekunde die Luft wegbleibt.
"Yes, of course", hauche ich, als ich wieder atmen kann. Mrs Timberlands Blick wandert zwischen Tom, Sarah und mir hin und her. "I'll think about it." Dann greift sie nach ihrer Tasche und wendet sich zum Gehen. "See you tomorrow", verabschiedet sie sich kurz und bündig und verlässt mit raschen Schritten den Raum.
"Thank you for rescuing me!", flüstere ich Tom und Sarah zu. "Did she believe the story about you having a cramp in your leg?" Das interessiert mich wirklich.

---

corridor Flur
won't you? nicht wahr?

"Of course. I'm a really good actor", prahlt Tom stolz und grinst über das ganze Gesicht. Zur Belohnung für seine Heldentat bekommt er von Sarah einen Kuss auf die Nase. Dann kichern wir alle drei erleichtert los.

Leider ist die Euphorie schnell verflogen. Am Nachmittag sitzen Tom und ich bei Sarah im Zimmer auf dem Boden und ich kaue auf meiner Unterlippe herum. Mal abgesehen davon, dass ich meinen Brief wieder habe, waren die letzten Tage ein einziger Fehlschlag. Ich habe immer noch keine Ahnung, wer der Absender ist. Meine Stimmung ist urplötzlich im Keller und mir ist beinahe so, als würde mein Zahn wieder wehtun. Das könnte aber auch daran liegen, dass ich ständig meine Zähne fest zusammenbeiße, um nicht loszuheulen. Wahrscheinlich habe ich mittlerweile einen Krampf im Kiefer. Sarah streichelt mir aufmunternd über die Schulter.
"**Cheer up**, Rika. We'll find him in the end, don't worry", versucht Tom mich aufzumuntern.
Ich zucke mit den Achseln. In Gedanken ziehe ich eine Zwischenbilanz und die fällt nicht gerade schmeichelhaft aus. Ich habe keine Lust mehr, mich weiter zu blamieren.
Sarah versucht, mich aus meiner Trübsal zu reißen und mir Mut zu machen. "Come on! There's no reason to give up yet."
Aber so leicht kann ich mich nicht beruhigen. "No? Can you think of any reason *not* to? Shall I keep going until I become a total laughing-stock? Maybe you think the

---

Cheer up. Kopf hoch.

whole school needs to see me **make a fool of myself**?", frage ich genervt zurück.

"Rika, you**'re exaggerating**. **Nobody cared** that we were talking during that boring song", widerspricht Sarah.

"I'm not exaggerating! Everybody laughed; and when Mrs Timberland made jokes about my love letter they all just **stared at** me", gebe ich zurück.

"Okay, I **admit** that *that* was embarrassing. But people won't even remember it tomorrow", meint Tom aufmunternd.

"**Bullshit**! Of course they will!"

"You should just stay cool – don't **get upset** about it", meint er ungerührt.

"Thanks for the advice. But I think I've had enough of all this", kontere ich.

"Have you forgotten what we're doing all this for?", fragt Sarah erstaunt nach.

"So I can enter a competition for the most embarrassing girl in Germany?", frage ich gereizt.

"No! So you can find the romantic boy who's fallen in love with you and who wrote you that beautiful love letter", erinnert mich Sarah.

Es dauert ein paar Sekunden, aber dann sehe ich endlich wieder klar. Sarah hat recht. Natürlich! Bei all den

---

to make a fool of oneself sich zum Narren machen
to exaggerate übertreiben
nobody cared es hat niemanden gekümmert
to stare at sb jdn anstarren
to admit zugeben
bullshit Schwachsinn
to get upset sich aufregen

Peinlichkeiten, die mir in den letzten Tagen passiert sind, hätte ich beinahe den wahren Grund für die ganze Aufregung vergessen.
"Still, we've had no success at all so far in finding Mr XXX", gebe ich zu bedenken. "I have no idea who could have written it. So **what the hell** shall I do?"
Sarah zieht die Augenbrauen hoch und denkt nach. Dann macht sie einen pragmatischen Vorschlag: "I'll go and fetch us some ice cream. Then we can all think about how we **proceed logically** from here", schlägt Sarah vor. "Which **flavour**? **Walnut** or **cinnamon**?"
Was für eine Frage! "Cinnamon, of course!", rufe ich.

Nach einer großen Portion Zimteis geht es mir schon besser. Das Eis schmeckt herrlich nach Weihnachten und lässt mich mitten im Sommer von Tannenbaum und Plätzchen träumen. Sarah erklärt mich deshalb immer für verrückt. Trotzdem esse ich genau deshalb gerade im Sommer Zimteis am liebsten, weil ich davon in ganz friedliche Stimmung versetzt werde – wie an Weihnachten. Nun bin ich auch wieder in der Lage, über mein Problem nachzudenken.
"Okay, let's start thinking logically", bringt Tom uns auf das Thema zurück. "What do we know about the **writer** of the mysterious love letter?"

---

what the hell was zum Teufel
to proceed weitermachen
logically logisch
flavour Geschmacksrichtung
walnut Walnuss
cinnamon Zimt
writer Verfasser

"He knows me, and he's fallen in love with me?", vermute ich.
"Well, he's definitely fallen in love with you. So he must know you. But what do we know about *him*?"
"No idea."
Sarah, Tom und ich grübeln. Natürlich habe ich den Brief dabei und hole ihn zwecks wichtiger Analyse aus meiner Hosentasche. Langsam lese ich die magischen Worte vor.
"I think he loves Nature. Otherwise he wouldn't write about meadows, flowers and clouds", stellt Sarah fest.
"And I think he must be **extremely** nice, because he writes so **lovingly**", füge ich an.
"I've got an idea!", ruft Tom plötzlich. "Let's **think up** a **questionnaire**."
"Okay ... and then what?", frage ich zögernd.
"Then we **hand** it **out** to everyone at the school and ask them to fill it in", erklärt er triumphierend seine Idee.
Besonders überzeugend finde ich das nicht.
"And what questions do we ask?", fragt nun auch Sarah reichlich skeptisch.
"What's your favourite landscape?", formuliert Tom eine erste Frage.
"When you wake up in the morning, do you remember your dreams?", macht Sarah weiter, der die Idee nun scheinbar doch gefällt.

---

extremely äußerst
lovingly liebevoll
to think sth up sich etw ausdenken
questionnaire Fragebogen
to hand sth out etw verteilen

"Do you like writing letters?", fällt Tom die nächste Frage ein.
Ich sehe von der einen zum anderen. Im ersten Moment halte ich diese Fragebogenidee für einen ziemlichen Quatsch. Da könnte ich ja auch gleich zu jedem Jungen hingehen und fragen, ob der Brief von ihm stammt.
"Which girl at school do you like best?", legt Sarah eine besonders direkte Frage nach.
"You", sagt Tom zu Sarah und wird rot bis hinter beide Ohren.
Ich sehe ihn mit offenem Mund an.
"What do you ...", Sarah gerät ins Stocken. Sie scheint Toms Antwort erst mit einigen Sekunden Verzögerung zu registrieren. Dann nehmen auch ihre Wangen eine leicht rötliche Färbung an.
"Really?", haucht sie.
Ich sehe zwischen Tom und Sarah hin und her. Die Luft scheint zu knistern. Ich merke, dass ich hier störe. Um meinen Abgang nicht ganz so ungeschickt wirken zu lassen, ziehe ich mein Handy aus der Hosentasche und werfe einen Blick darauf. Keine Nachricht. Trotzdem tue ich so, als hätte ich eben etwas wirklich Dringendes gelesen.
"Oh, sorry – I have to go! See you, bye!"
Hastig mache ich den Abflug und lasse die zwei Turteltauben alleine.
Im Flur treffe ich auf Sebastian.
"Hi, Rika. How are you?", begrüßt er mich freundlich.
"All right", antworte ich wortkarg und tippe lustlos auf den Tasten meines Handys herum, als wäre ich mit einer

SMS beschäftigt. Auf ein Gespräch habe ich jetzt keine große Lust. Ich drücke auf *Kamera* und spiele mit der Aufnahmefunktion herum. Während Sebastian neben mir her zur Wohnungstür geht, bleibt mein Blick gesenkt. Natürlich merkt er, dass er mich jetzt besser in Ruhe lässt. Darum nervt er auch nicht, sondern öffnet mir nur lächelnd die Tür.
“Have a nice day”, wünscht er mir noch. Ich winke unmotiviert mit der rechten Hand und verschwinde.
Auf dem Heimweg wird mir bewusst, dass ich mit der Suche immer noch nicht weitergekommen bin. Mr XXX will sich nicht finden lassen. Mit sehr gemischten Gefühlen komme ich zu Hause an. Mama ist erstaunt, mich so früh zurück zu sehen. Aber sie fragt nicht weiter nach. So kann ich mich in Ruhe in mein Zimmer verkrümeln und über alle unbeantworteten Fragen meines komplizierten Lebens nachdenken.

A Missed Deadline

Den halben Sonntagvormittag verbringe ich am Telefon. Ständig ist Sarahs Leitung belegt. Dabei würde mich brennend interessieren, wie es Sarah geht, nachdem Amor gestern mit seinem Pfeil nach ihr geschossen und sie perfekt getroffen hat. Während ich den Hörer mit der Schulter ans Ohr presse, um wieder nur das alberne Tut-tut-tut zu hören, schaue ich mich im Spiegel an. Ich flechte mir ein winziges Zöpfchen mit einer Haarsträhne. Tut-tut-tut. Dann hebe ich meine langen Haare hinten hoch und halte sie oben auf dem Kopf fest. Würde mir so eine Hochsteckfrisur stehen? Tut-tut-tut. Mist, jetzt ist mir der Hörer auf den Boden gefallen. Als ich zum fünften Mal die Wahlwiederholungstaste drücke, ertönt endlich das Freizeichen. Kaum höre ich in der Leitung das Knacksen als Zeichen dafür, dass jemand abgehoben hat, kann ich mich nicht mehr zurückhalten.

"Los, erzähl endlich! Wie ging es gestern weiter? Mich interessiert jede Einzelheit!", rufe ich ins Telefon, ohne Sarahs erste Worte abzuwarten.

"I had a great day, thanks. Nice of you to ask. And how are you, Rika?"

Ich verstumme und brauche eine Sekunde, um die Situation zu erfassen. Diese Stimme gehört nicht Sarah. Am anderen Ende der Leitung ist Sebastian. Wie peinlich!

“Oh, sorry. I thought you were Sarah”, stottere ich verlegen. Ausgerechnet bei Sebastian muss mir so etwas passieren. “Is she at home?”, frage ich nach.
“No, she’s gone out with Tom. They went for an ice cream. I think they’re **head over heels** in love. I’ve **never** seen my little sister like this **before**.”
Ich bin nicht sicher, aber er scheint sich ein bisschen darüber lustig zu machen.
“Maybe”, sage ich zögernd. Schließlich kann ich schlecht mit dem großen Bruder meiner besten Freundin über deren Herzenslage sprechen.
“I think they said that they were planning to go for a walk **afterwards**. And that they wanted to watch the clouds drifting by”, informiert mich Sebastian. Seine Stimme hört sich am Telefon noch tiefer und freundlicher an als sonst. Gefällt mir gut. Ich telefoniere sonst nie mit ihm, sondern immer nur mit Sarah. Aber die sieht ja den Wolken nach. Na toll! So einen Sonntag hätte ich mir auch für mich gewünscht. Das hätte auch zu meinem Wortzauberer und seinem Wolkenflug gut gepasst. Aber irgendwo muss mein Verehrer noch rumlaufen und auf mich warten. Sarah jedenfalls schwebt auf Wolke sieben. Ich glaube, ich bin ein bisschen neidisch. Aber wirklich nur ein kleines bisschen.
“Thanks for telling me. It was nice talking to you.”
“Nice talking to you, too. Shall we go and get an ice cream as well? Would you like to?”, fragt Sebastian zum Abschied.

---

head over heels Hals über Kopf
never before noch nie
afterwards danach

"No, I can't; I'm sorry, I'm really busy at the moment. See you."
Ich muss echt bemitleidenswert wirken, wenn mich schon Sarahs großer Bruder mit einem Eis aufheitern will.
Als ich auflege, bin ich etwas durcheinander. Das liegt vermutlich daran, dass alles immer komplizierter wird. Meine beste Freundin ist verliebt. Schön für sie. Leider hat sie nun aber auch keine Zeit mehr für mich. Schlecht für mich. Und die Frage nach dem geheimen Briefschreiber ist nach wie vor nicht gelöst. Dabei wird mir die turtelnde Sarah momentan wohl nicht helfen. Ich fühle mich ein wenig im Stich gelassen. Bevor ich anfange, mich selbst zu bemitleiden, beschließe ich, die Suche selbst in die Hand zu nehmen. Bleibt nur noch ein letztes Problem: Wie? Darüber zerbreche ich mir den restlichen Sonntag den Kopf.
Vor lauter Langeweile und Frust beginne ich, in meinem Zimmer Ordnung zu machen. Ich finde die letzte Ausgabe von *What's New?* unter meinem Bett und blättere ein bisschen darin herum. Auf der vorletzten Seite steht wie immer das Horoskop für die nächsten Wochen. Neugierig suche ich nach meinem Sternzeichen.

Leo
This month you'll make an **astonishing discovery**. It will have something to do with love. Love is in the air with someone very close to you …

---

astonishing erstaunlich
discovery Entdeckung

Na, da hatte mein Horoskop ja schon mal recht. Ich habe eine erstaunliche Entdeckung gemacht und verliebte Menschen getroffen. Nur war ich damit gar nicht gemeint. Aber egal. Ich muss daran denken, wie begeistert Sarah von Tom schon nach dem ersten Kennenlernen auf der Sommerparty geschwärmt hat. Sie war wohl die ganze Zeit in ihn verknallt, ohne dass ihr das richtig klar wurde. Sarah ist meine beste Freundin und ich gönne ihr dieses Glück natürlich von Herzen.
Apropos Glück: Als ich weiter in meinem Chaos unter dem Bett herumwühle, stoße ich auf den Glücksstein, den Sarah mir letztes Jahr zum Geburtstag geschenkt hat. Wenn das kein Zeichen ist! Bestimmt werde ich bald das Geheimnis um meinen romantischen Briefeschreiber lüften.
Meine Stimmung hellt sich auf und ich stecke den Stein in meine Hosentasche. Ich will das Glück heute ganz nah bei mir haben.

Während ich die *What's New?* ordentlich auf den Papierstapel auf meinem Schreibtisch lege, fällt mir plötzlich Lucy ein. Ich habe blitzartig ein schlechtes Gewissen und lasse meinen Laptop hochfahren. In meiner Mailbox lagern drei neue Mails. Seufzend klicke ich mich durch die Nachrichten. Die erste ist von gestern Vormittag.

From: lucy.starworld@schoolserver.nz
To: rika.frederika@interweb.de
Subject: Hello!

Hi Rika,
I've started **editing** my short film. Can you send me your scene, please? I think the film is going to be really great. I just need another minute or two, something short and funny. I can count on you, can't I? Please hurry, so that I can finish the film on time.
How's your search for Mr XXX going? Today I tried out a few love spells for you from my witches' book. I'm sure they'll soon have an **effect**!
Anyway, I'm keeping my fingers crossed for you.
Please answer soon!
Love, Lucy

Wie süß! Sie hat sogar in ihrem Hexenzauberbuch geblättert, um mir moralischen Rückhalt zu geben. Mein schlechtes Gewissen wächst auf die Größe eines Pottwals an. Die nächste Nachricht hat sie drei Stunden später abgeschickt. Seufzend klicke ich sie an.

From: lucy.starworld@schoolserver.nz
To: rika.frederika@interweb.de
Subject: Anybody there?

Rika, Rika, Rika?!
It's your cousin, Lucy. Remember me? I'm the one who's waiting for the short film scene you promised to send to me. Can you send it as soon as possible, please?

---

to edit schneiden
effect Wirkung

Ich ziehe unwillkürlich den Kopf ein. Ja, ich hab's versprochen. Obwohl ich eigentlich nicht noch mehr Sätze brauche, um mich wie eine treulose Tomate zu fühlen, klicke ich auch noch Lucys letzte Nachricht an.

From: lucy.starworld@schoolserver.nz
To: rika.frederika@interweb.de
Subject: Emergency call

Rika,
It's really important that I finish my film for the competition. You know I want to be a director, and this film could be the beginning of a great **career**. It's my big chance. I'm sad that you don't seem to understand this.
Or maybe something's happened to you? Are you ill? Have you had an accident? What's wrong? Why haven't you written back??? If you don't answer in the next two hours I'll try to call you.
I hope you **get in touch** soon.
Lucy

Auch das noch! Nein, natürlich will ich auf keinen Fall, dass sich Lucy unnötig Sorgen macht. Ich linse auf die Zeitanzeige auf meinem Handy. Kurz vor zwölf. Dann ist es bei Lucy jetzt kurz vor zehn Uhr abends. Ich lege mein Handy beiseite und klicke auf *Antworten.* Was soll ich bloß als Entschuldigung schreiben? Immerhin hatte

---

career Karriere
to get in touch sich melden

ich ihr versprochen, einen Filmbeitrag zu schicken. Vielleicht sollte ich einfach jetzt noch schnell eine kleine Szene filmen? Ich greife wieder nach meinem Handy und öffne die Kamera. Aber was ist das? Eine Filmdatei ist bereits vorhanden. Irritiert lasse ich die mysteriöse Datei abspielen. Über mein Display watscheln zwei Paar Füße. Merkwürdig ... da endlich fällt es mir ein: Als ich gestern bei Wegers war, hatte ich auf dem Weg zur Tür mit meiner Kamera herumgespielt. Darum gibt es also jetzt eine Filmszene mit meinen und Sebastians Füßen, die mit "Have a nice day" endet. Ich überlege. Ob ich die an Lucy schicken soll? Im Grunde bleibt mir keine Wahl, denn eine andere habe ich ja nicht. Kurzerhand ziehe ich die Filmszene von meinem Handy auf den PC und schreibe Lucy schuldbewusst zurück.

From: rika.frederika@interweb.de
To: lucy.starworld@schoolserver.nz
Subject: Re: Emergency call

Dear Lucy,
I'**m** so **ashamed of** myself! Sarah and I spent the last few days trying to **discover** the identity of the mysterious letter-writer – you-know-who – and we got into some embarrassing situations. That's why I forgot to send you the film scene on time. I'm really sorry – I hope you can forgive me! I'm finally sending you this short film that I made with the camera on my mobile. I hope you like it.

---

to be ashamed of oneself sich schämen
to discover aufdecken

Schnell lade ich den Film als Anhang hoch. Dann fällt mir ein, dass ich Lucy noch über den Stand der Suche nach dem Liebesbriefverfasser informieren sollte. Immerhin hat sie ja sogar einigen Hokuspokus dafür veranstaltet. Ich tippe also weiter.

Thanks for thinking of me, and for using your magic powers. I still haven't managed to find Mr XXX – but **at least** Sarah has found the man of her dreams! Guess who it is ... She's fallen in love with Tom, an English exchange student. He's been helping us look for the boy who wrote the letter. Anyway, I'm really happy for them.
I hope you won't be **cross** with me, and that your film wins the competition!
Hugs and kisses
Rika

Dann drücke ich auf *Senden*. Hoffentlich erreicht mein Filmanhang Lucy noch rechtzeitig. Jetzt habe ich außer der Frage nach dem unbekannten Briefabsender also noch mehr zu grübeln. Das kann ein heiterer Sonntag werden!

---

at least immerhin
cross böse

The Green-Eyed Monster

Am Montag habe ich immer noch keine gute Idee, wie ich meine Suche nach dem geheimnisvollen Verehrer fortsetzen könnte. Dafür treffe ich in der Schule endlich Sarah. Eigentlich hätte ich ja allen Grund zu schmollen, weil sie mich das ganze Wochenende über nicht angerufen hat. Aber das wäre reine Zeitverschwendung, denn ich halte es keine Minute länger aus, auf ihre Berichterstattung zu warten. Darum ziehe ich Sarah noch vor der ersten Stunde auf die Mädchentoilette.

"Und?", frage ich erwartungsvoll.

Statt einer Antwort strahlt sie mich an und seufzt.

"So schlimm oder so schön?", frage ich.

"Mmh, schön!", ist ihre knappe Antwort. Aber dann spannt sie mich nicht länger auf die Folter und lässt mich an ihrem Glück teilhaben.

"Tom ist so süß! Wir haben uns einen Eisbecher geteilt. Nicht irgendeinen, sondern den *Liebeszauber* mit vier Herzkirschen und Liebesperlen drauf. Er meinte, *Love Spell* sei in England gerade der Renner."

Mir fällt die Hexerei von Lucy ein. Dieser Aberglaube ist derzeit wohl weltweit in.

"Und wir waren kilometerweit spazieren. Dabei haben wir uns die ganze Zeit über an den Händen gehalten.

---

green-eyed monster Eifersuchtsteufel

Wir hatten uns so viel zu erzählen. Ich glaube, wir sind seelenverwandt. Er versteht einfach alles, was ich ihm zu erklären versuche. Ach Rika, und dann ..." Sarah starrt mit verklärtem Blick in den angelaufenen Spiegel über dem siffigen Waschbecken im Toilettenvorraum, als würde sie einen Diamanten bewundern.
"Was dann? Nun sag schon!", dränge ich sie zum Weitersprechen.
"Dann haben wir uns ... geküsst. Einfach himmlisch, sag ich dir."
Sarah ist wie weggetreten. So fühlt sich also echte Liebe an.
"Oh, ich freu mich so für dich!", rufe ich und nehme Sarah fest in den Arm. Ich meine es auch wirklich ehrlich. Leider ertönt genau in diesem Augenblick die Schulglocke und wir müssen ins Klassenzimmer. Als wir den Gang entlanggehen – das heißt, ich gehe, Sarah schwebt – kommen uns auf halber Strecke die Schüler der 8c entgegen, unter ihnen Sebastian, der kurz bei mir stehen bleibt.
"Hi, Rika. **How are things?** Did you have a good weekend?"
Ich lächle wortlos und zucke mit den Schultern. So richtig genossen habe ich mein Wochenende ja nicht, aber darüber möchte ich jetzt keine längere Unterhaltung mit Sebastian führen. Sarah scheint ihren Bruder gar nicht bemerkt zu haben. Oder sie ist heute einfach viel zu glücklich, um ihn zu provozieren. Ich lächle noch einmal kurz und will weiter, Sarah hinterher. Dabei fällt

---

How are things? Wie geht's?

mein Blick auf Maximilian, der direkt hinter Sebastian vorbeigeht. Genau in diesem Augenblick sieht auch Maximilian zu mir herüber. Unsere Augen tauchen für einen kurzen Moment ineinander ein.

Peng!

Ich fühle mich wie von einem Stromschlag getroffen und reagiere mit wildem Bauchkribbeln. Wie in Trance wanke ich mit dem Strom der andern den Gang entlang. Maximilian! Da habe ich mir noch gestern stundenlang den Kopf zerbrochen, wer denn nun der beste Liebesbriefschreiber der Welt ist, und heute fällt es mir plötzlich wie Schuppen von den Augen. Aber die Sache mit Julia? Ach was, bestimmt war das auf der Sommerparty nur eine Verwechslung. Nach diesem Blick steht für mich jedenfalls felsenfest: Maximilian muss der Verfasser des anonymen Briefes sein.

Trotzdem: Ich brauche einen Beweis, sonst traue ich mich nicht, ihn darauf anzusprechen. Am liebsten würde ich mich sofort mit Sarah darüber beraten. Aber mittlerweile haben wir unser Klassenzimmer erreicht und von rechts kommt schon Mrs Timberland im Stechschritt auf uns zu. Da bleibt für Privatgespräche keine Zeit.

"Come on, ladies. Let's start!"

Die Stunde ist heute irgendwie langweilig. Obwohl es kurz vor den Sommerferien ist, kennt Mrs Timberland keine Gnade und quält uns mit Grammatik. Ihre normale Englischstunde in unserer Klasse ist leider ziemlich trocken, ganz im Gegensatz zum Conversation-Wahlfach, wo wir über coole Themen diskutieren. Am Schluss teilt sie unsere Hefte aus, deren Einträge sie benotet hat.

"Do you think you could write your name on the **cover** of your exercise book, please, Miss Rika?"
Mit diesen Worten schiebt sie mir mein Englischheft zu und ich gebe mir die größte Mühe, nicht mit den Augen zu rollen. Miss Rika, bla, bla, bla, äffe ich sie in Gedanken nach.
"How did you know that this was my exercise book, Mrs Timberland?", frage ich stattdessen zuckersüß.
"I only had to compare the **handwriting** with yours in last week's test. Also, nobody else **decorates** their headings quite like you do."
Mrs Timberland zwinkert mir zu und grinst, als hätte sie gerade einen tollen Witz gemacht.
Ich schlage mein Heft auf und sehe mir die letzte Seite an:

Very good. You should always try this hard. English is your second language, after all. Mark: 1. Tbld.

Yippee! Damit stehe ich in Englisch also auf einer glatten Eins. Den Schnörkeln sei Dank. Zwar hat Mrs Timberland sich darüber lustig gemacht, aber irgendwie scheinen sie ihr doch gefallen zu haben. Es geht eben nichts über eine individuelle, ansprechende Schrift ...
Moment mal! Was hat sie da vorhin gesagt? Sie hat festgestellt, dass das unbeschriftete Heft meines sein muss, weil sie die Schrift darin mit der auf meinen Prüfungsblättern verglichen hat?

---

cover Umschlag
handwriting Handschrift
to decorate sth etw verzieren

Ha! Das ist die Lösung! Wieso bin ich nicht gleich darauf gekommen? Ich brauche mir nur etwas Geschriebenes von Maximilian zu besorgen, dann kann ich die Schrift mit der im Brief vergleichen. Und schon habe ich den perfekten Beweis, dass Maximilian mein romantischer Verehrer ist.
Am liebsten würde ich Mrs Timberland um den Hals fallen, weil sie mich auf diese Idee gebracht hat. Aber das lasse ich dann doch lieber.

Wozu hat man eine beste Freundin, wenn sie in den wirklich wichtigen Momenten des Lebens keine Zeit hat? Nach der Schule gehe ich wie immer mit Sarah aus dem Klassenzimmer. Ich kann es kaum erwarten, bis wir endlich auf dem Weg nach Hause sind, damit ich Sarah von meinem Geistesblitz mit dem Schriftvergleich erzählen kann.
"Ich glaube, ich weiß, wer der Absender meines Liebesbriefs ist und wie ich es beweisen kann. Heute in Englisch, da hat doch Mrs Timberland gesagt ..."
Weiter komme ich nicht mit meinen Überlegungen, denn plötzlich steht Tom direkt vor uns.
"Hi Rika, nice to see you", grüßt er mich. "Have you found out something new?"
Dabei klingt er zwar höflich, aber nicht wirklich interessiert. Dann nimmt er Sarahs Hand und sieht ihr tief in die Augen.
"May I walk with you some of the way?"
Ganz Gentleman, unser Tom. Besser gesagt, Sarahs Tom. Ich stehe daneben und beobachte das Geturtel. Irgendwie fühle ich mich schon wieder fehl am Platz.

“Äh, Sarah”, versuche ich schließlich die Aufmerksamkeit auf mich zu lenken. Immerhin habe ich gerade versucht, mit meiner Freundin über unsere geheime Agentenmission zu reden. Aber Tom scheint Sarah wesentlich wichtiger zu sein als unsere Aufgabe.
“Of course. That would be lovely.”
Oh nein! Das klingt ja wie in einem schnulzigen Liebesfilm.
“See you at school tomorrow, Rika. Shall we **talk on the phone** tonight?”, sind ihre letzten Worte, ehe sie Arm in Arm mit Tom weitergeht und mich einfach stehen lässt.
Das darf ja wohl nicht wahr sein! Wie ein begossener Pudel stehe ich am Straßenrand und sehe den beiden nach. Oh Mann, bin ich sauer! Ich dachte, Sarah und ich wären beste Freundinnen, und nun zieht sie mir diesen Tom einfach vor. Wie unsympathisch mir der Typ plötzlich ist!
Ich merke, wie Tränen in meinen Augen brennen. Mühsam schlucke ich den Kloß in meinem Hals hinunter. Auf dem restlichen Heimweg trete ich vor lauter Wut gegen alles, was sich mir in den Weg stellt: Äste, Steine, Plastikflaschen. Verdammt!

Zu Hause angekommen, habe ich mich wieder etwas beruhigt. Trotzdem empfängt mich Mama in der Küche mit einem besorgten Blick.
“What’s happened, **love**? Something bad?”, fragt sie.

---

to talk on the phone telefonieren
love Liebling

"No, I'm just **irritated** that Sarah's floating about on **cloud nine** at the moment. She's fallen in love and I can't seem to talk to her any more", platzt es aus mir heraus.
"Are you jealous of her new boyfriend?", fragt Mama erstaunt.
"No, of course not!", gebe ich empört zurück.
Wenn ich allerdings so richtig darüber nachdenke, hat sie vielleicht recht. Aber das kann ich vor ihr natürlich nicht zugeben. Darum wechsle ich schnell das Thema. "Something smells good. What have you cooked?", frage ich deshalb. Gut, dass ich weiß, wie ich sie am besten ablenken kann.

Am Nachmittag beschließe ich, dass es wirklich Quatsch ist, auf Tom eifersüchtig zu sein. Dann kümmere ich mich eben alleine darum, herauszufinden, wer mein geheimer Verehrer ist. Selbst ist die Frau!
Ich brauche eine Schriftprobe von Maximilian, so viel steht fest. Um mich noch mal zu vergewissern, dass der Junge, der mir den anonymen Brief geschrieben hat, auch wirklich in mich verliebt ist, hole ich den mittlerweile sehr verknitterten Zettel aus meiner Hosentasche. Eigentlich kenne ich den Text auswendig, aber ich bekomme jedes Mal aufs Neue Herzrasen davon.
Ich bin schnell überzeugt. Ja, der wunderbare Absender meint mich und ist anscheinend echt und ehrlich verknallt in mich. Besser gesagt, Maximilian hat sich wohl

---

irritated genervt
cloud nine Wolke sieben

genauso in mich verliebt wie ich mich in ihn. Und das werde ich auch bald beweisen können. Aber woher soll ich etwas Geschriebenes von ihm nehmen?
Ich grüble, bis mir der Kopf raucht. Als mein Blick auf das benotete Englischheft auf meinem Schreibtisch fällt, komme ich endlich auf die nahe liegende Lösung des Problems: Ich brauche ein Schulheft von Maximilian. Und wo bekomme ich das am besten her? Natürlich aus der Schule. Maximilian geht in die 8c, die Klasse von Sarahs Bruder Sebastian. Also wird der ja wissen, wo Maximilian im Klassenzimmer seinen Platz hat. Und dort liegt bestimmt auch irgendwo ein Heft von ihm.
Oh Mann, ich bin so gut im Pläneaushecken, dass ich richtig stolz auf mich bin. Ich greife zum Telefon und wähle die Nummer der Familie Weger, die ich im Schlaf aufsagen kann. Nach acht Versuchen gebe ich schließlich auf. Die Leitung ist dauerbelegt. Ich dachte, Sarah und Tom machen einen romantischen Spaziergang. Warum um alles in der Welt müssen die zwei jetzt auch noch stundenlang miteinander telefonieren?
Als ich merke, dass der kleine Eifersuchtsteufel auf meiner linken Schulter wieder anfängt, mich zu pieksen, höre ich sofort auf, mir weiter Gedanken über die Telefoniergewohnheiten von Verliebten zu machen.
Morgen ist auch noch ein Tag. Morgen kann ich Sarah von meinen Plänen erzählen. Und sie bitten, ihren Bruder nach dem Platz von Maximilian zu fragen. Aufgeschoben ist nicht aufgehoben. Ich glaube, ich sollte mich für einen asiatischen Meditationskurs anmelden. Immerhin habe ich heute den ganzen Tag Gelassenheit geübt und werde immer besser darin.

Crime No. 2

Weil Sarah gestern Abend nicht mehr angerufen hat, informiere ich sie während der Musikstunde am nächsten Morgen über meinen Plan. Dabei passe ich allerdings tunlichst auf, dass ich nicht wieder in eine Gesangspause plappere. Sarah und ich schieben einen Zettel zwischen uns hin und her. Wortlose Kommunikation. Sarah schreibt mir zwar immer eine Antwort auf meine Mitteilungen, aber ich vermute, dass sie trotzdem nicht richtig bei der Sache ist. Wenn sie mir den Zettel zurückschiebt, ist ihr Blick immer verträumt ins Leere gerichtet. Sie sieht richtig vernebelt aus. Wenn ich nicht wüsste, dass sie verliebt ist, würde ich denken, sie nimmt Drogen. Jedenfalls findet Sarah die Idee mit der Schriftprobe gut. Nur leider kann sie mich weder bei meiner Tour ins Klassenzimmer der 8c begleiten noch ihren Bruder für mich ausfragen. Sie ist in der Pause schon zum Händchenhalten mit Tom verabredet. Aber ich werde es auch alleine schaffen. Schließlich habe ich mir vorgenommen, gelassen zu bleiben.

Von meiner Geduld und Ausgeglichenheit ist allerdings leider nicht mehr viel zu merken, als ich mich in der Pause die Treppenstufen hoch auf den Weg zum Klassenzimmer der Achten mache. Ich bin schrecklich aufgeregt. Verbrechen Nummer zwei in dieser Woche.

---

crime Delikt

Fast alle sind schon auf dem Schulhof, nur Einzelne kommen noch aus den Klassenzimmern. Gerade will ich in den richtigen Flur einbiegen, als ich Maximilian direkt auf mich zukommen sehe. Mir bleibt beinahe das Herz stehen. Das hat mir gerade noch gefehlt. Er darf auf keinen Fall sehen, dass ich mich an seinen Sachen zu schaffen mache. Schnell springe ich zur Seite, um mich hinter einer Säule zu verstecken. Die stehen in dieser Schule überall herum, damit uns nicht die Decke auf den Kopf fällt. Um nicht aufzufallen, schaue ich höchst interessiert auf ein Plakat, das jemand an den Betonpfeiler geklebt hat, und warte ab, bis Maximilian die Treppe hinuntersteigt. Uff, grade noch mal gut gegangen.
"Hello, Rika. What a **pleasant** surprise to meet you on this floor", reißt mich eine bekannte Stimme aus meiner Tarnungskonzentration. "**To what do we owe the honour?**" Es ist Sebastian, der mich freundlich und ein wenig verschmitzt anlächelt. War das ironisch gemeint? Ich bin unsicher.
"Er … I was just looking around and reading about all the different events happening here at the school." Ich zeige auf das Plakat, das ich mir jedoch nicht wirklich angesehen habe. Im Gegensatz zu Sebastian.
"Are you really interested in this **nonsense**?", fragt er ungläubig.
"Of course I am", versichere ich.
Sebastian sieht mich verwirrt an. Dann grinst er.
Mir fällt auf, dass ich von ihm die Auskunft bekommen

---

pleasant angenehm
To what do we owe the honour? Was verschafft uns die Ehre?
nonsense Unsinn

könnte, deretwegen ich hier bin. Allerdings fällt mir keine geschickte Überleitung ein, deshalb frage ich einfach drauflos.
"Can you tell me where Maximilian's desk is in your classroom?"
"What do you want with Maximilian? He isn't there right now. He just went outside for the break."
"Perfect!", rutscht es mir heraus. Schnell verbessere ich mich. "I ... I just wanted to give him something. Er ... some **chewing gum**. I can just put it on his desk, can't I?"
Mann, das klang jetzt nicht gerade geistreich! Zwischen Sebastians Augen bildet sich eine lange Falte. Er sieht mich verständnislos an.
"If you want to. Just a minute, let me think." Sebastian kratzt sich am Kopf. "He sits next to Verena. One row from the **back**."
"Okay ... where exactly?", frage ich leise. Dabei traue ich mich nicht, Sebastian anzusehen. In meinem Bauch kribbelt es zu sehr. Ich glaube, ich war noch nie in meinem Leben so aufgeregt.
"In the middle, **two in from** the window."
"Okay, great. I'll find it", stottere ich und versuche mich schnell an Sebastian vorbeizudrängen.
Sebastian sieht plötzlich verärgert aus. Ich frage mich, was mit ihm los ist. Aber da hat er sich schon umgedreht und geht wortlos Richtung Treppe.
"Thanks for your help!", rufe ich ihm noch nach.

---

chewing gum Kaugummi
back *hier:* letzte Reihe
two in from der dritte neben

Als ich an der Säule vorbeigehe, um mich ins Klassenzimmer der 8c zu schleichen, fällt mein Blick zum ersten Mal richtig auf das Plakat:

Cool, cool, cool!
I want to start a **bubble gum bubble**-blowing club. This is not for **wimps**! If you like to **chew gum** as well, and you want to help me organize a bubble-blowing **contest**, get in touch.
Tom, 9A
Exchange student from the UK

Oh, nein! Und dafür interessiere ich mich angeblich brennend? Wann hat Tom dieses verrückte Plakat aufgehängt? Und was hat er sich dabei gedacht? *Darum* hat mich Sebastian so verwirrt angesehen. Und ich habe ihm erzählt, ich wolle Maximilian Kaugummi aufs Pult legen! Ausgerechnet. Sebastian muss mich für total bescheuert halten. Ob ich Sarah davon erzählen soll, was für idiotische Sachen ihre neue Liebe macht? Aber wahrscheinlich war das nur ein Witz. Engländer sollen ja einen sehr speziellen Humor haben. Mir ist das Lachen allerdings erst mal vergangen.
Nach dieser Blamage bleibt mir nichts anderes übrig, als so zu tun, als sei nichts gewesen. Ich atme tief ein

---

bubble gum Kaugummi
bubble Blase
wimp Weichei
to chew kauen
gum Gummi
contest Wettbewerb

und blicke mich ein letztes Mal nervös um. Auf dem ganzen Flur ist kein Mensch zu sehen. Vorsichtig drücke ich die Klinke der Klassenzimmertür herunter und schiebe die Tür auf. Puh, hier riecht es nach abgestandener Luft und ausgelatschten Turnschuhen. Von Lüften hält diese Klasse wohl wenig.
Ich lasse meinen Blick durch die Reihen wandern. Da! Das muss der Platz von Maximilian sein. Auf einem der mittleren Tische in der vorletzten Reihe sehe ich ein Heft liegen. Mit klopfendem Herzen husche ich zwischen den Tischreihen hindurch und schnappe mir das aufgeschlagene Heft. Es ist ganz offensichtlich ein Deutschheft. Volltreffer! Ein Name steht zwar nicht drauf, aber der Tisch muss der richtige sein, Sebastians Beschreibung nach zu urteilen. Draußen höre ich Schritte. Ich erschrecke – ist die Pause schon vorbei? Schnell klappe ich das Heft zu und schiebe es unter mein T-Shirt.
"Langsam bekomme ich Übung in kriminellen Handlungen", flüstere ich vor mich hin.
In diesem Moment geht die Tür auf. Mein Herz setzt ein paar Schläge aus. Meine Gedanken rasen. Ich höre Schritte hinter mir. Zu spät, um mich zu verstecken. Erstarrt bleibe ich stehen.
"What are you doing here, Rika?", fragt eine mir nur zu gut bekannte Frauenstimme, begleitet von energischen Schritten, die auf mich zukommen. Nicht schon wieder! Keine zwei Sekunden später, so kommt es mir vor, steht Mrs Timberland direkt hinter mir und bläst mir ihren Atem in den Nacken. Dort stellen sich meine Härchen senkrecht auf. Was sag ich denn nur?

“Nothing to say for yourself? How strange. You always seem to find **plenty** to talk about during my lessons.” Sie lacht über ihren eigenen Witz. Diesmal kann mir weder Sarah noch Tom aus der Patsche helfen. Panisch denke ich nach, was ich sagen könnte.
“I had to **deliver** a note”, schwindle ich. Hallo? So ein Quatsch! Welchen Zettel denn? Ich hab gar keinen.
“What note?”, fragt Mrs Timberland.
Mein Gott, ist das peinlich!
“I wanted to join the bubble gum club”, antworte ich schnell, weil mir nichts Besseres einfällt.
“You’re lying, Rika”, entrüstet sich Mrs Timberland.
“No, it’s the truth.” Meine Lüge klingt schon ziemlich routiniert, wie ich finde, und ich werde nicht einmal rot dabei. “Didn’t you see the **notice** outside?”
Mrs Timberland will es tatsächlich ganz genau wissen. Sie trottet in den Flur hinaus, zu der Säule mit den Aushängen. Langsam schleiche ich hinterher, die Arme fest an den Bauch gepresst, damit Maximilians Heft nicht unter meinem T-Shirt herausfällt. Mrs Timberland steht skeptisch vor dem Plakat, das dort klebt, und schüttelt den Kopf.
“Oh. Well. Now there’s a surprise”, murmelt sie vor sich hin. Dann scheint sie sich wieder an mich zu erinnern.
“I see; so you wanted to join this club. But this isn’t Tom’s classroom, is it? His next lesson after break is in room 008, as far as I remember.”

---

plenty eine Menge
to deliver übergeben
notice Aushang

"Oh, are you sure? Then I must **have got** the room numbers **mixed up**", sage ich schnell, drehe mich zur Treppe um und will loslaufen.
"**Ground floor**. By the way, tomorrow you can have back the paper I **confiscated** in the last English Conversation lesson. It seems it really is a text for a research project", ruft mir Mrs Timberland hilfsbereit hinterher.
Ich beiße mir auf die Lippen, um nicht zurückzugeben, dass sie den Zettel gern behalten kann.
Gerade als ich mich erleichtert auf meinen Stuhl im Klassenzimmer plumpsen lasse, läutet die Glocke, die die Pause beendet. Schnell füllt sich der Raum. Sarah ist natürlich bei den Letzten. Vermutlich konnte sie sich nicht von Tom trennen. Na, was soll's. Ich wedle triumphierend mit dem erbeuteten Heft und lasse es dann in meinem Schulrucksack verschwinden. Sarah grinst und hält ihren rechten Daumen hoch.

Diesmal geht Sarah mit mir nach Hause. Eigentlich hätten wir Zeit, gemeinsam die Schrift im Schulheft mit der auf dem Brief zu vergleichen. Aber auf der Straße hinter irgendeiner Hecke ist mir das nicht feierlich genug. Also gedulde ich mich und beschließe, den Abgleich später zu Hause zu machen. Darüber ist Sarah nicht besonders unglücklich, denn so hat sie länger Zeit, mir von Tom zu erzählen.
"Und er weiß echt immer, was mir gefällt. Er will sogar morgen mit mir shoppen gehen. Toll, oder?"

---

to get sth mixed up etw verwechseln
ground floor Erdgeschoss
to confiscate beschlagnahmen

Ich bin wirklich beeindruckt. Eigentlich sind alle männlichen Wesen, die ich kenne, echte Einkaufsmuffel. Mein Vater zum Beispiel würde nie freiwillig ein Modegeschäft betreten, wenn Mama ihn nicht regelmäßig erpressen würde, damit er mal wieder etwas Neues zum Anziehen bekommt. Tom muss ein echter Wunderknabe sein.

"Das freut mich für dich!"

"Ja, und er hat immer so witzige Sachen. Soll ich dir mal einen Klingelton aufs Handy laden, den Tom selbst kreiert hat?" Sarahs Wangen glühen vor Begeisterung. Wir sind schon vor meiner Haustür angelangt, darum gebe ich Sarah mein Handy einfach mit, sodass sie in Ruhe den Klingelton übertragen kann.

"Ich bring's dir heute Nachmittag vorbei. Oder du holst es dir ab. Ganz wie du willst."

Perfekt. Dann kann ich Sarah heute Nachmittag auch gleich berichten, was bei dem Schriftvergleich herauskommt. So habe ich zumindest die Garantie dafür, dass sich meine Freundin heute noch für mich Zeit nimmt – auch wenn ich ihr dafür mein Handy als Pfand mitgeben muss.

Bingo!

Das Mittagessen zieht sich wie Kaugummi. Oh nein, dieses Wort werde ich wohl besser nicht mehr in den Mund nehmen. Vielleicht also lieber: Es dauert ewig.
"Please put your plate in the **dishwasher**", hält mich meine Mutter zurück, als ich endlich in mein Zimmer verschwinden will. Seufzend drehe ich auf den Hacken um und gehorche brav.
Mit einem "Please don't disturb me for the next hour!", das bei ihr einen erstaunten Blick auslöst, verkrümele ich mich schließlich in mein Reich. Ich fische das geklaute Deutschheft von Maximilian aus meinem Rucksack und lege es auf mein Bett. Dann krame ich den Liebesbrief hervor und falte ihn sorgfältig auseinander. Ich hole noch einmal geräuschvoll Luft und mache es mir auf einem Kissen vor den beiden Schriften gemütlich.
Meine Augen gehen Zeile für Zeile den Text in dem aufgeschlagenen Heft durch. Dann wandern sie konzentriert über die Buchstaben des Briefes. Wow! Das ist ja wirklich erstaunlich! Wenn ich mir die großen As und Os ansehe, kann sogar ich als Nichtfachfrau erkennen, dass die von ein und derselben Person geschrieben sein müssen. Der Schwung beim A verläuft auf beiden Blättern im gleichen Bogen von links unten nach rechts oben. Außerdem hängen die Ts und die Ls leicht nach

---

Bingo! Volltreffer!
dishwasher Spülmaschine

links. Und zwar auch in beiden Texten. Was das wohl über die Persönlichkeit des Schreibers aussagt? Ich hab mal gehört, dass die Handschrift einiges über die Person verrät. Zum Beispiel, ob sie unsicher, aufbrausend oder zurückhaltend ist. Aber egal, das werde ich noch früh genug feststellen. Jedenfalls steht fest: Der Brief stammt mit Sicherheit von demselben Jungen, dem auch das Heft gehört. Und das ist, tatatataaa: Maximilian!

Bei dieser Erkenntnis bekomme ich ganz weiche Knie. Gut, dass ich schon auf dem Bett sitze, sonst müsste ich mir einen Stuhl holen, um nicht einzuknicken.

Das sind wirklich tolle Neuigkeiten! Ich habe ganz feuchte Hände vor Aufregung und beschließe, Sarah auf der Stelle einzuweihen. Ich schnappe mir das Telefon und schließe meine Zimmertür wieder hinter mir. Mit zitternden Fingern tippe ich Sarahs Nummer. Zumindest versuche ich es. Aber dabei verwähle ich mich ständig, denn meine Finger treffen einfach nie die richtige Taste. Bevor ich aus Versehen noch bei irgendjemand anderem lande, lege ich das Telefon erst mal zur Seite. Ich atme tief durch und versuche, mich zu beruhigen. Dann beschließe ich, Sarah lieber eine SMS zu schicken.

Im selben Moment fällt mir ein, dass sie ja mein Handy hat. Mist! Also muss ich zu ihr und es abholen.

Aber zuerst muss ich noch nachsehen, ob sich Lucy gemeldet hat. Erstens muss ich ihr mitteilen, was ich soeben herausgefunden habe. Und zweitens will ich natürlich wissen, ob sie mir für den Rest meines Lebens wegen des Films böse ist.

Tatsächlich finde ich eine E-Mail von ihr in der Mailbox.

From: lucy.starworld@schoolserver.nz
To: rika.frederika@interweb.de
Subject: Re: Re: Emergency call

Hi Rika,
Don't worry. I'm not cross with you for sending your little scene so late. **Far from it!** I love it. Your **shot** of the walking feet is the best scene in the whole film. Guess what! I chose the song "I'm Walking" to go with it. It fits perfectly. Now I'm just hoping that the jury will **approve of** the film. I delivered the DVD to them two hours ago. Keep your fingers crossed!

Was für ein Glück! Erleichtert atme ich auf. Und natürlich drücke ich für Lucy die Daumen! Auch wenn ihre Ideen für meinen Geschmack manchmal allzu verrückt sind, ist sie der kreativste Mensch, den ich kenne. Und die Jury des Filmwettbewerbs wird ihre Fähigkeiten hoffentlich auch erkennen. Ich scrolle den Rest der Mail auf den Bildschirm:

It's great for Sarah that she's found the man of her dreams. I'll keep my fingers crossed that you find yours as well. If you'd like me to do another magic spell for you, just let me know. I'd like to help in any way I can.
Love, Lucy

Far from it! Im Gegenteil!
shot Aufnahme
to approve of sth etw gut finden

Diesmal will ich Lucy auf keinen Fall wieder so lange auf eine Antwort warten lassen wie vorgestern. Deshalb tippe ich gleich los.

From: rika.frederika@interweb.de
To: lucy.starworld@schoolserver.nz
Subject: News from Germany

Hi Lucy,
Well done! I'm very proud of you, but I'm not surprised – you're simply the best and I**'ve** always **had faith in** your talent. Can you send me a copy of the **file**? I'm really curious!
You know what? I found out who the mysterious letter-writer is. I would never, ever have thought it was him. But I compared the handwriting in the letter to the writing in one of his exercise books, and then I knew for sure. It's Maximilian! He's in year eight, the same class as Sarah's older brother. He's very **good-looking**. Now I have to go and talk to him, so I'm a little bit nervous. But I'll manage – you needn't **cast** any more magic **love spells** for me! Thanks **all the same**.
Have a nice day,
Rika

P.S. Good luck with your film! I'll be thinking of you.

Well done! Alle Achtung!
to have faith in sth an etw glauben
file Datei
good-looking gut aussehend
to cast (cast, cast) a love spell einen Liebeszauber einsetzen
all the same trotzdem

Jetzt aber nichts wie los zu Sarah. Hoffentlich ist sie zu Hause. Und hoffentlich allein!
“Bye, Mum! I’m going to see Sarah!”, rufe ich meiner Mutter zu und husche aus dem Haus. Draußen schnappe ich mir mein Einrad und fahre los.

Ich parke mein Rad vor der Haustür von Wegers, drücke den Klingelknopf und lasse ihn erst wieder los, als sich die Tür schwungvoll öffnet. Vor mir steht nicht Sarah, wie erhofft, sondern Sebastian.
Er sieht mich interessiert an und wartet darauf, dass ich etwas sage.
“Is Sarah at home?”, frage ich statt einer Begrüßung.
“Sorry, no, she isn’t. She’s gone out with Tom again.”
Ich muss sehr enttäuscht aussehen, denn Sebastian hält mir lächelnd die Tür auf.
“Come in. She left your mobile behind. She wanted to bring it round to you later, but I can give it to you, now you’re here.”
Sebastian geht mir voran in den Flur, zögernd folge ich ihm. Vielleicht sollte ich doch lieber warten, bis Sarah mir das Handy nach Hause bringt? Aber nun ist es zu spät. Als Sebastian mir das Handy hinhält, bedanke ich mich und stecke es in meine Hosentasche. Gerade will ich mich verabschieden, da sagt er plötzlich:
“Could it be that you’ve got a secret admirer?”
Ich erstarre. Wie peinlich! Woher weiß er das? Aber die Frage kann ich mir selbst beantworten: Offenbar hat Sarah nicht nur Tom, sondern auch Sebastian eingeweiht. Diese Plaudertasche!
“Er … yes … I mean, no …”, stottere ich herum.

"Have you **figured out** who it is?", fragt er weiter und lächelt.
Will er sich über mich lustig machen? Während ich noch hektisch nachgrüble, was ich antworten soll, deutet er in Richtung der Terrassentür.
"Let's go outside and sit on the **patio**. I'll make us some kiba with **crushed ice**."
"What's kiba?", frage ich und komme mir sehr unwissend vor.
"A **mixture** of cherry and banana juice. You drink it cold with a **straw**. It's a great summer drink", informiert mich Sebastian und hält mir die Terrassentür auf. Ich atme auf, weil er mich nicht ausgelacht hat.
Unter dem Sonnenschirm machen wir es uns mit den kühlen Kibas auf den beiden Klappstühlen gemütlich. Während Sebastian die Getränke gemixt hat, hatte ich Zeit, meinen Plan den neuen Gegebenheiten anzupassen. Statt mit Sarah werde ich eben mit Sebastian über Maximilian sprechen. Warum nicht? Vielleicht kann ich Sebastian als eine Art Leihbruder mit Sarah teilen und von seiner Lebenserfahrung profitieren. Immerhin ist er fast zwei Jahre älter als ich. Überdies kennt er Maximilian besser als ich, schließlich geht er mit ihm in dieselbe Klasse.
"Maybe I can help you in your search for your secret admirer", sagt Sebastian und sieht mich eindringlich

---

to figure sth out etw herausfinden
patio Terrasse
crushed ice zerstoßenes Eis
mixture Mischung
straw Strohhalm

an. Mir fällt auf, dass seine Augen aussehen wie zwei Haselnüsse. Er ist wirklich nett. Ich werfe meine letzten Zweifel über Bord.

"I think I**'ve** already **worked** it **out**, actually", beginne ich zu erzählen.

Interessiert rückt Sebastian mit seinem Stuhl ein Stückchen näher an meinen heran. Dass er meine Gedanken so wichtig nimmt, hilft mir, einfach weiterzuerzählen.

"I think the guy who wrote me that love letter is in year eight."

Sebastian nickt, als wollte er mich bestärken.

"He's tall and he has brown eyes", beschreibe ich das Bild, das ich von Maximilian im Kopf habe.

Sebastian räuspert sich und greift nach meiner Hand. Ich weiß, dass er mir nur Mut machen will, weiterzusprechen, aber irgendwie macht er mich damit auch nervös. Schnell entziehe ich sie ihm und fahre mir mit den Fingern durch die Haare. "And I think I've known him for some time."

Sebastian lächelt mich an. Er scheint echt zu wissen, wen ich meine.

"Rika, I should have told you this much earlier …"

Aber jetzt will ich mich nicht mehr unterbrechen lassen, ich muss es jetzt einfach aussprechen.

"Oh, that's okay, don't worry", falle ich ihm ins Wort. "I've worked it out myself now. Actually, I had the brilliant idea of **analyzing** the handwriting in the letter. And guess what: I found him!"

---

to work sth out etw herausfinden
to analyze sth etw analysieren

Er sieht mich fragend an.
"Well, that's why I was in your classroom today. Don't you **get it**?"
"Er ... no, not really", gibt Sebastian verwirrt zu. "Didn't you say you wanted to leave some chewing gum for Maximilian?"
"Well ... I'm sure that Maximilian is Mr XXX. I took an exercise book from his desk and compared his handwriting with the writing in the letter."
"So you think that Maximilian sent you the letter?" Sebastian klingt ziemlich entgeistert. Das hatte er wohl nicht erwartet.
Ich nicke und strahle ihn an.
"Definitely. The writing was **identical**. I'm so glad I've finally found him!"
Eigentlich könnte er mich jetzt ja mal loben für so viel Spürsinn. Aber stattdessen steht er abrupt auf.
"Good luck with your new **Prince Charming**", wünscht er mir. Im nächsten Augenblick ist er auch schon im Haus verschwunden. Er hat nicht mal abgewartet, bis ich ausgetrunken habe. Das ist also das unverschämte Verhalten, von dem Sarah immer erzählt. Ich schüttle verständnislos den Kopf. Aus großen Brüdern soll mal einer schlau werden!
Mein Glas stelle ich noch, ganz wohlerzogen, auf die Spüle in der Küche. Ich kenne mich schließlich aus hier. Sebastian bekomme ich nicht mehr zu Gesicht. Egal. Ich rufe laut "I'm off home, Sebastian! Bye, and thanks

---

to get it es kapieren
identical identisch
Prince Charming Traumprinz

for the kiba!" durch den Flur und ziehe die Tür hinter mir zu.

Wirklich schade, dass Sarah nicht zu Hause war, denke ich, während ich mein Einrad aufschließe. Ich hätte ihren Rat, wie ich nun mit meiner Erkenntnis umgehen soll, dringend gebrauchen können. Was soll ich denn jetzt tun?

Die besten Ideen kommen mir immer, wenn ich mit dem Einrad durch die Gegend fahre. Darum mache ich einen riesigen Umweg und radle über den Park am Lilienhang zurück. Langsam puzzle ich im Kopf alle Einzelteile zu einem Bild zusammen. Und siehe da: Ich habe eine Idee!

Heute Nachmittag trainiert Maximilian Handball in der Schulturnhalle. Das weiß ich ganz sicher, weil ich mich seit Beginn des Schuljahres, genauer gesagt, seit ich ihn so besonders süß finde, genauestens über seine Termine und Gewohnheiten informiert habe. Deshalb habe ich den Durchblick, was Maximilians Tagesablauf betrifft. Einmal bin ich ihm heimlich gefolgt, als er mit seiner Sporttasche allein an unserem Haus vorbeigeschlendert kam. Das Ende des Trainings ist definitiv *die* Gelegenheit, um Maximilian zu treffen.

Ich schaue auf die Uhr: schon kurz vor vier. Das Training ist um vier zu Ende, also bleibt mir keine Zeit zu verlieren. Entschlossen trete ich in die Pedale und radle zur Sporthalle. Heute wird mein Liebesglück besiegelt!

Mr XXX

Als ich auf dem Platz zwischen Schule und Sporthalle ankomme, gehen gerade die ersten Handballer aus der Halle an mir vorbei. Ich lehne mein Einrad neben dem Halleneingang an die Wand, stelle mich möglichst unauffällig an den Brunnen und betrachte die kleine Wasserfontäne in der Mitte. Es soll zumindest so aussehen, als wäre ich mit wichtigen Dingen beschäftigt. Dabei behalte ich aber immer den Ausgang der Turnhalle im Blick. Wo Maximilian nur bleibt? Wenn er noch länger braucht, fange ich bestimmt an zu schielen. Um mir die Zeit zu vertreiben, halte ich die Hand ins Wasser und kühle sie in dem angenehmen Nass. Plötzlich werde ich von hinten angetippt. Ich erschrecke so sehr, dass ich Mühe habe, mein Gleichgewicht zu halten. Mit der Hand stütze ich mich auf dem Brunnenrand ab, um nicht ins Wasser zu fallen.

"Hello, Rika. What are you doing at school in the afternoon?"

Mrs Timberland! Die hat mir gerade noch gefehlt. Wie werde ich die denn jetzt möglichst schnell wieder los? Ich blinzle angestrengt und weiß nicht, was ich sagen soll.

"Are you waiting for somebody?", gibt sie mir gnädigerweise ein Stichwort.

"Yes, I'm meeting my friend Sarah", rede ich mich heraus.

"But there aren't any lessons this afternoon, are there?", erwidert Mrs Timberland und runzelt misstrauisch die

Stirn. Sie scheint sämtliche Stundenpläne sämtlicher Schüler im Kopf zu haben. Fieberhaft suche ich nach einer halbwegs plausiblen Antwort.
“I’m meeting her after sports.”
“I thought only the boys had training today?”, hakt Mrs Timberland nach.
“Oh, do they? Then ... er ... maybe I got something mixed up.”
Oje, was denkt sie jetzt nur von mir? Heute Morgen dieser peinliche Auftritt im Klassenzimmer der 8c, und jetzt das. Sie muss mich für eine unzurechnungsfähige Gans halten, die ständig alles Mögliche durcheinanderbringt.
“Where are you going for the holidays?”, wechselt sie das Thema.
Ich sehe mich nervös um. Wenn jetzt in diesem Moment Maximilian kommt, dann wird mein ganzer schöner Plan über den Haufen geworfen. Wie soll ich ihn ansprechen, wenn Mrs Timberland an mir klebt? Warum geht sie nicht einfach und lässt mich in Ruhe?
“Are you planning to visit your relatives in New Zealand?”
“No, we’re staying at home this year”, antworte ich mit schwacher Stimme.
“**Give** your parents my **regards**”, trägt sie mir auf und ich stelle erleichtert fest, dass das so etwas wie ein Abschiedsgruß ist. Ich nicke und warte darauf, dass sie geht. Auch sie scheint auf etwas zu warten und sieht mich gespannt an.

---

to give sb someone’s regards jdn von jdm grüßen

"If you got the days mixed up, maybe you should go home now", schlägt sie vor.
"I suppose you're right, Mrs Timberland. Bye." Ich entferne mich ein paar Schritte vom Brunnen in Richtung Straße. Weil Mrs Timberland einfach stehen bleibt, tue ich so, als würde ich mich auf den Heimweg machen.
"Goodbye!", ruft sie mir nach.
Ich biege in die nächste Seitenstraße ein, drehe eine Runde um das Schulgebäude und will am Hintereingang der Turnhalle vorbei, um von hinten vorsichtig um die Ecke zu linsen, ob sich Mrs Timberland endlich verkrümelt hat. Da hilft mir das Schicksal: Wenige Meter vor mir öffnet sich die Hintertür der Halle. Nicht von Geisterhand, sondern von … Maximilian! Er tritt heraus und wippt mit beschwingtem Schritt, seine Sporttasche lässig über die Schulter geworfen, die Treppen zum Gehweg hinunter.
Im Stillen bitte ich Mrs Timberland um Verzeihung – ohne sie hätte ich Maximilian am Vorderausgang glatt verpasst. Oder wäre mir das am Ende lieber gewesen? Dieser Gedanke beschleicht mich, als ich merke, wie mir vor Aufregung ganz übel wird. Ich weiß gar nicht mehr, wie ich Maximilian eigentlich ansprechen wollte. Vielleicht sollte ich lieber wieder heimgehen? Der Mut verlässt mich von einer Sekunde auf die nächste.
Doch da hat Maximilian mich entdeckt. Für eine Flucht ist es definitiv zu spät! Ich reiße mich zusammen und zupfe noch schnell an einer Haarsträhne herum. Meine Haare sind manchmal wirklich sehr widerspenstig. Maximilian dagegen sieht fantastisch gut aus! Seine Haare fallen ihm locker ins Gesicht und kringeln sich

feucht an den Seiten. Er ist an Armen und Beinen toll gebräunt, als käme er geradewegs vom Sonnenbaden am Strand. Und seine beinahe schwarzen Augen hinter seiner runden Brille sehen jetzt direkt in meine.
“Hallo, Rika”, grüßt er mich freundlich und geht einige Schritte auf mich zu. Gleich falle ich in Ohnmacht!
“Hi, nice to see you”, piepse ich mehr, als ich es sage. Erst sieht er mich verdutzt an, doch dann reagiert er souverän.
“Okay, we can speak English if you prefer. Can I do something for you?”, fragt er charmant.
Yes, you can!, denke ich. Hug me and don’t ever stop! Aber das sage ich natürlich nicht. Ich kann überhaupt nichts sagen. Ich schaffe es gerade mal, mich zu räuspern.
“Oh no – are you ill?”
Unfassbar, wie einfühlsam er ist!
“No, I’m fine. And you? How are you? Are you feeling fine? Well, of course you are, because you’ve just been training and you’re very athletic.”
War das jetzt wirklich ich, die das gesagt hat? Oh nein, was rede ich denn da für ein Blech? Bestimmt hält er mich jetzt für komplett bekloppt. Aber er lässt mich nicht einfach kopfschüttelnd stehen, sondern spricht weiter mit mir.
“Yes, I’m fine too. Thanks.”
Maximilian macht einen Schritt auf mich zu. Traut er sich jetzt endlich, über seinen Brief zu sprechen? Er kratzt sich mit der freien Hand am Kopf, bevor er weiterredet.
“I didn’t see you at the school party last week. Where were you?”

Ha! Endlich! Er will mich auf das Treffen am Brunnen ansprechen, das er mir vorgeschlagen hat.
“I wasn't **well**”, schaffe ich es zu antworten und deute auf meine Wange. “Toothache.”
“Oh, **too bad.**”
Anscheinend wartet er darauf, dass ich mich an das Thema heranwage. Bestimmt will er mich testen.
“But I really enjoy floating on a cloud”, sage ich darum vieldeutig und zwinkere ihm zu.
“You enjoy what?”, fragt Maximilian und sieht mich entgeistert an.
Ich muss deutlicher werden.
“I like sitting on a thick white cloud. Because I love to look down and see the lovely meadows and flowers **underneath** me. But you already know that, don't you?”
Ich strahle ihn an und lege den Kopf leicht schief, wie ich es schon viele Male vor dem Spiegel geübt habe. Ich finde, das sieht sehr überzeugend aus.
Doch Maximilians Gesichtsausdruck zeigt zunehmende Verwirrung.
“You like looking down from clouds onto meadows?”, fragt er nach.
Warum in aller Welt kapiert er nicht? Ich weiß nicht genau, wie ich reagieren soll, aber auf einmal hellt sich sein Blick auf. Er sieht irgendwie durch mich hindurch, oder vielleicht auch an mir vorbei, und lächelt selig. Er scheint verstanden zu haben. Na also! Ich gehe einen Schritt auf ihn zu, schließe die Augen und strecke die

---

well gesund
Too bad. Schade.
underneath unter

Arme nach ihm aus. Endlich habe ich ihn gefunden, meinen Traumprinzen! Gleich werden wir uns innig in den Armen halten, unsere Lippen werden sich einander nähern … und dann … und dann …
"Julia! Schön, dass du da bist!"
Maximilians Worte reißen mich jäh aus meinem Glückstraum. *Julia?!* Wieso Julia?
Ich drehe mich um und folge Maximilians Blick. Die blonde Barbiepuppe aus meiner Parallelklasse stolziert direkt auf uns zu.
"Hallo, Maxi", haucht sie *meinem* Maximilian zu. Dann sieht sie mich von oben bis unten mit einem verächtlichen Blick an. "Was will die denn hier?", fragt sie, während sie den Arm besitzergreifend um Maximilians Taille legt.
"Mit mir übers Wetter reden", erklärt Maximilian.
"Wie bitte?", fragt Miss Arrogant mit ihrer quäkigen Stimme.
"Irgendwas mit Wolken. Vielleicht gibt's ja bald ein Gewitter." Maximilian sieht prüfend zum Himmel.
Gerade denke ich, peinlicher kann es nicht werden, da höre ich wie durch Watte ein leises Geräusch.
"Bei dir mäht etwas", sagt Julia zu mir.
Ich wusste ja schon, dass diese Ziege nicht gerade intelligent ist. Aber so viel Dummheit hätte ich ihr dann doch nicht zugetraut.
"Hast du irgendwo ein Schaf versteckt?", gluckst sie.
Ich suche nach einem passenden Spruch als Antwort, aber dann höre ich es auch: In meiner Nähe gibt etwas unverkennbare Schaflaute von sich. Verdutzt sehe ich mich um.

"Mäh, määäh, mäh!", macht es immer lauter.
"Das ist ja absolut komisch!" Maximilian prustet los. "Es kommt aus deiner Hose, hahaha!"
Ich greife in meine Hosentasche und ziehe mein Handy heraus. Es tönt lautstark määäh!, määäh!, wie eine blökende Schafherde. Wieso macht es das?
"Ich weiß auch nicht, wie das mit dem Schaf passieren konnte", stottere ich.
Das bringt Maximilian noch mehr zum Lachen.
"Ciao, Rika. Und viel Spaß noch mit dem Schaf", winkt er zum Abschied und geht Arm in Arm mit der kichernden Julia davon.
Da endlich fällt mir ein, wieso mein Handy mäht, statt zu klingeln. Toms neuer Klingelton! Sehr originell. Ich starre mein Handy an, so lange, bis es schweigt.
1 verpasster Anruf, steht auf dem Display.
Dann beginnt es erneut zu blöken. *3 neue Nachrichten*
Ich drücke schnell auf den kleinen Briefumschlag auf der Tastatur und öffne die Mitteilung. Sofort hört das Mähen wieder auf.

wo steckst du? warten auf dich bei dir zu hause. lg sarah

Die zweite und die dritte Nachricht sind von Tom.

sarah can't reach you. don't you have **reception**? Tom

please answer. we're worried. Tom

---

reception Empfang

Plötzlich kann ich nicht mehr. Es ist mir egal, ob mich jemand sehen kann. Ich fange hemmungslos zu heulen an. Sturzbäche von Tränen rinnen mir aus den Augen. Dabei stehe ich mitten auf der Straße. Es ist alles so peinlich! Und Maximilian ist sooo gemein!! Und ich habe mich so in ihm getäuscht! Und wer Mr XXX ist, weiß ich immer noch nicht! Geht es noch schrecklicher? Was für ein Chaos!

Ich wische mir die Tränen aus den Augen, damit ich wieder etwas sehen kann. Mit hängenden Schultern schleiche ich um die Turnhalle herum, um mein Einrad zu holen, das noch an der Hauswand neben dem Haupteingang lehnt. Weil meine Knie sich wie Götterspeise anfühlen, schaffe ich es erst beim vierten Versuch, auf das Rad aufzusteigen. So schnell es mit den Wackelpuddingbeinen und den Heulaugen geht, mache ich mich auf den Heimweg. Gott sei Dank warten meine Freunde dort auf mich. Sarah, Tom, ich komme!

A True Romantic

Sarah und Tom warten vor der Haustür auf mich.
"Rika, you look **dreadful**!", empfängt mich Sarah kopfschüttelnd. Sie steht von der obersten Stufe unserer Vortreppe auf, wo sie neben Tom gesessen hat, und klopft sich den Staub vom Hintern.
"Thanks a lot", erwidere ich finster.
"What happened?", fragt Tom mit einem mitleidigen Blick.
"Not everybody can be as happy as you", blaffe ich die beiden an, obwohl ich mich eigentlich freue, sie zu sehen. Schon wieder laufen mir Tränen übers Gesicht. Heute kann ich wirklich nichts richtig machen. Ich stecke meine Hände in die Hosentaschen auf der Suche nach einem Taschentuch. Sarah ist schneller und reicht mir eins.
"Thanks", murmele ich und schnaube kräftig hinein. Dann werfe ich mich in Sarahs Arme und schluchze hemmungslos.
"It was so **humiliating** ... Maximilian isn't great at all ... Pah! Talking about the weather ... because of the clouds ... and Julia is a stupid cow ... why does everything have to be so **complicated**?", stottere ich unter Tränen.

---

dreadful grässlich
humiliating demütigend
complicated kompliziert

Sarah kann unmöglich verstanden haben, was ich ihr sagen will. Aber sie streichelt mir geduldig über den Kopf, bis ich mich einigermaßen beruhigt habe.
“I think we should go inside. Otherwise your neighbours will think something terrible has happened and call the police, the way you're crying”, versucht Tom zu spaßen.
“Something terrible *has* happened!” schluchze ich. “I've made a complete idiot of myself. **Yet again**.”
Sarah lächelt mich an und ich schaffe es zurückzugrinsen, wenn auch ziemlich schief, fürchte ich.
In meinem Zimmer machen wir es uns gemeinsam auf meinem Bett bequem. Ich habe meine Augenüberschwemmung unter Kontrolle und auch das Reden in sinnvollen, zusammenhängenden Sätzen klappt schon wieder ganz gut.
“Why are you here? I thought you guys had gone for a walk together”, versuche ich erst mal, mit einem sachlichen Thema Ordnung in meine Gedanken und in das Gespräch zu bringen.
“Do you think I'd **leave** my best friend **in the lurch** when she needs help?”
Sarah rammt mir freundschaftlich ihren Ellenbogen in die Seite. Tom nickt zustimmend.
“But how did you know?”, frage ich.
“When Tom and I got home, we met Sebastian in the hall. He wasn't making much sense, but he kept saying your name. We were worried about you, so we came

---

yet again schon wieder
to leave sb in the lurch jdn im Stich lassen

round to your house as quickly as we could. But you weren't at home. Now tell us again what happened. A bit slower this time."
Sarah sieht mich abwartend an.
Ich freue mich, dass ich mich anscheinend im Notfall auf Sarah und auch auf Tom verlassen kann, und kämpfe schon wieder mit den Tränen. Diesmal vor Rührung.
Als ich mich wieder unter Kontrolle habe, erzähle ich den beiden die ganze Geschichte von Anfang bis Ende in allen Details, ohne etwas wegzulassen.
Bei dem blökenden Handy glucksen Sarah und Tom erst leise in sich hinein und prusten dann immer lauter, bis sie sich nicht mehr beherrschen können und einen derartigen Lachkrampf bekommen, dass ich nicht mehr anders kann, als mitzulachen. Es ist aber auch zu komisch, jetzt, im Nachhinein, sich das Bild vorzustellen. Nun laufen uns allen die Lachtränen übers Gesicht. Es dauert Minuten, bis wir wieder in der Lage sind, etwas zu sagen, ohne gleich wieder in Lachen auszubrechen.
"You didn't believe me when I said Maximilian and Julia were together, did you?", fragt Sarah, als sie endlich wieder ernst sein kann.
Ich schiebe meine Unterlippe vor und schüttle trotzig den Kopf.
"No, not really. Anyway, it all just seemed to fit. The way he looked **deep** into my eyes, and how he was always so friendly. And the handwriting in the letter was definitely the same as in his exercise book!"
"You're right, that is strange", überlegt Sarah.

---

deep tief

"Maybe you didn't really look at them properly?", vermutet Tom.
Ich zucke ratlos mit den Achseln.
"Show us the exercise book", verlangt Sarah.
Gute Idee. Erst ziehe ich meine Schatztruhe unter dem Bett hervor. In der roten Schuhschachtel habe ich den Brief aufbewahrt. Dann stehe ich auf und hole Maximilians Deutschheft von meinem Schreibtisch und reiche beides an Sarah weiter.
"Here. See for yourself."
"Huh? What are you doing with Sebastian's exercise book?", fragt Sarah verständnislos, während sie mir das Heft aus der Hand nimmt.
Was? Sarah spinnt doch! Was soll das denn heißen? Wieso Sebastians Heft?
"What do you mean? This is Maximilian's. I took it from his desk."
"Sorry, but I think I know my brother's exercise books better than you do", widerspricht Sarah. "He writes on **recycled paper,** and he hates covers. Just like this." Sie schlägt das Heft auf und sieht sich bestätigt. "And this is definitely his handwriting."
Tom sieht zwischen Sarah und mir hin und her und schweigt.
Ich nehme das Heft und untersuche es von allen Seiten. Das freie Feld, auf das man seinen Namen schreiben kann, ist leer. Hätte dort Sebastians Name gestanden, wäre mir das ja schon im Klassenzimmer aufgefallen. Das Heft nach einem Namen abzusuchen, ist mir gar

---

recycled paper Umweltschutzpapier

nicht in den Sinn gekommen, schließlich war ich ganz sicher, dass es Maximilian gehörte. Aber jetzt entdecke ich bei genauerem Hinsehen am linken unteren Rand mit Bleistift handgeschriebene Worte:

Sebastian Weger, 8c. ***Peace!***

Meine Knie fangen so sehr zu zittern an, dass ich mich aufs Bett fallen lasse. Sebastian!

Wortlos zeige ich mit dem Finger auf den Namen, damit Sarah sieht, dass sie recht hat. Plötzlich wird mir alles klar und ich schlage mir mit der flachen Hand vor die Stirn. Natürlich! Der Brief war auf Englisch geschrieben! Des Rätsels Lösung hatte die ganze Zeit offen vor meinen Augen gestanden und ich hatte nichts gesehen.

"Oh my God. I should have guessed **straight away**", sagte ich. "Who else would write me a love letter in English? How could I be so stupid?"

"Well, I guess I was at least as stupid as you", sagt Sarah. "Of course, I noticed **ages ago** that Sebastian is always **particularly** friendly to you. But he's my big brother. Who'd have thought that big brothers actually had feelings?" Sie scheint genauso schockiert zu sein wie ich.

"Hey, of course boys have feelings!", mischt sich Tom etwas gekränkt ein. Dann gibt er Sarah einen Kuss auf die Nasenspitze. "But I have to admit that I'm a pretty **useless** detective", gibt er resigniert zu.

---

peace Frieden
straight away gleich
ages ago vor langer Zeit
particularly besonders
useless nutzlos

"Oh, Sarah, I've been so stupid! What do I do now?", frage ich meine Freundin verzweifelt.
"I have no idea. Oh my God, my brother is a true romantic! How **gross** is that?"
"Don't be so mean about him!" Ich seufze und weiß nicht genau, ob vor Anstrengung, Glück oder Ratlosigkeit.
"What do you expect me to say? He **borrows** things from me all the time and then forgets to return them. He always eats all the **jellybabies whenever** Mum buys them; he never leaves a **single** one for me. He never takes out the rubbish. He's a typical **awful** older brother! How am I supposed to think he's **capable** of writing something like that letter of yours?"
Sarah sieht mich herausfordernd an. Aber das kann ich auf Sebastian nicht sitzen lassen.
"What do you mean? Sebastian's gorgeous!", nehme ich ihn in Schutz. "He has those incredibly **intense** brown eyes, and a really sexy mouth. He's smart and funny and he's the friendliest guy I've ever met. And he has great ideas. And don't forget: he writes the most romantic letters in the world!"
"**Nope** – I think you're talking about a completely different person. After all, I'm Sebastian's sister, and I don't

---

gross krass
to borrow ausleihen
jellybaby Gummibärchen
whenever jedesmal, wenn
single einzig
awful schrecklich
capable fähig
intense intensiv
nope nee

think I've ever noticed any of these **qualities**. **That is** ... well, I admit he can be funny. Sometimes. But sexy – ugh!" Sarah grinst und schüttelt sich. "No way!"
"**Whatever.** He's your brother; I don't care what you think. The most important thing is: what do I do now? How can I **face** Sebastian after I **went on and on** to him about Maximilian? Any suggestions? He was really **offended**, and I just didn't notice. I must have been **blind as a bat** all the time."
Ich sehe Sarah flehend an. Aber die zuckt nur mit den Schultern. Da mischt sich Tom ein.
"Talk to him! I mean, he hasn't managed to talk to you yet, has he? Talking doesn't really seem to be his **strong point**."
"He wrote me the most wonderful letter. Not many boys can do that", nehme ich Sebastian in Schutz.
"Well, maybe", räumt Tom ein. "I admit he wrote a **fabulous** love letter. But I think you **underestimate** us, you know. I reckon I could write love letters at least as romantic as Sebastian's." Er klingt ein wenig beleidigt.
Sarah himmelt Tom verzückt an. Da ist er auch schon wieder versöhnt.
Sie verschränkt ihre Arme und sieht mich an.

---

quality Eigenschaft
that is das heißt
Whatever. Egal.
to face sb jdm gegenübertreten
to go on and on unaufhörlich reden
offended gekränkt
blind as a bat stockblind
strong point Stärke
fabulous großartig
to underestimate sb jdn unterschätzen

"The fact is, Sebastian didn't have the **courage** to tell you how he felt. There's no **denying** that."
"Okay, maybe you're right. Still, I can't just go to him and say: Hello, here I am, I know now that it was you who sent me the love letter", gebe ich zurück.
"Why not?", fragt Sarah grinsend.
"It would be so embarrassing!"
"Well, then you'll just have to find another way of letting him know that you like him."
Sarah und Tom nickten einvernehmlich. Ich schaue sie mit offenem Mund an. Deswegen sitzen wir hier doch zu dritt, oder?

---

courage Mut
to deny leugnen

Plucking Up Courage

Schon seit einer Stunde liege ich mutlos in meinem Zimmer auf dem Boden. Dann halte ich das Nichtstun nicht mehr länger aus und ziehe die Schuhschachtel mit meinen ganzen Schätzen unter meinem Bett hervor. Ich nehme Sebastians Liebesbrief heraus und starre auf seine Worte.

Last night I dreamt of you...

Ich schließe die Augen und stelle mir Sebastian schlafend vor. Vielleicht sind seine dunkelblonden Haare verstrubbelt. Lächelt er im Schlaf, wenn er etwas Schönes träumt?

... In my dream you were standing in a meadow surrounded by thousands of beautiful flowers. You waved to me and smiled. There were flowers all around your feet; I could smell their incredible scent. But you were even lovelier than the flowers. I think you're the most beautiful flower in the world.

In meinem Bauch fliegen ungefähr tausend Schmetterlinge Loopings, als würden sie für die Olympiade im Synchronfliegen trainieren. Immer im Kreis, auf und ab.

---

to pluck up courage Mut fassen

… In my dream a cloud drifted past just above my head, and I climbed up onto it. I wanted to fly straight into your arms. The cloud brought me closer to you, and I could see into your sparkling eyes. In them I saw a colourful rainbow. I saw the sun and the moon and the whole of the world. It was like a miracle.

Ich komme mir auch so vor, als würde ich auf einer Wolke schweben, wenn ich nur an Sebastian denke. Ich glaube, ich bin total verliebt! Nein, ich weiß, dass sich Verliebtsein genau so anfühlt. Und seit ich weiß, dass Sebastian es war, der mir den Brief geschrieben hat, weiß ich auch, dass sich das Verliebtsein jetzt richtig anfühlt. Nicht nur wie eine Schwärmerei für einen süßen Jungen. Sondern wie den Kopf in den Wind halten und einen Meter über dem Boden schweben.

… Then, just before I reached you, my alarm clock rang and woke me up and wrenched me out of this beautiful dream. But even after I woke up, I still felt like I was floating on a cloud. The feeling is still with me. I can't stop thinking about this dream. I can't stop thinking about you.

Ich glaube, das würde Sebastian jetzt nicht mehr so sagen. Irgendwie ist er durch meine Schwärmerei von Maximilian wohl von seiner Wolke runtergefallen. Und ich bin schuld daran.

… But I don't want to sit on a cloud all day. It would be better to be with you in the real world.

Ja, das finde ich auch. Aber er hat seine Meinung geändert. Was soll ich denn nur machen? Ich bin so glücklich, wenn ich an ihn denke, und gleichzeitig so unglücklich, weil es zu spät ist. Weil ich alles versemmelt habe.
Wie viel Mut hat es Sebastian wohl gekostet, mir diese Zeilen zu schreiben? Wäre ich auch so mutig gewesen?
Ich starre wieder vor mich hin. Da fällt mein Blick auf den restlichen Inhalt der Schatzkiste, die mit offenem Deckel neben mir steht. Ganz oben liegt ein Foto von mir. Es zeigt mich mit zwei Zöpfen und einer Zahnlücke, die durch mein breites Grinsen ganz deutlich zu sehen ist. Neben mir steht Papa und hält meine Arme wie bei einem Sieger in einem Boxkampf in die Höhe. Sieg, geschafft, sollte das heißen. Früher, als ich noch ein kleines Kind war, habe ich besonders gern *Mensch ärgere dich nicht* gespielt. Wenn der Gegner schon beinahe gewonnen hatte, habe ich angefangen, im Kopf Zaubersprüche aufzusagen, damit mein Würfel genau bei der Sechs liegen blieb. Ich war immer fest davon überzeugt, dass meine Magie half. Das liegt bei uns wohl in der Familie, auch Lucy schwört ja auf den Liebeszauber aus ihrem Hexenbuch. Immer habe ich bis zum Schluss gehofft, dass ich doch noch gewinne. Aufgeben kam nicht in Frage, niemals.
Bei dem Gedanken daran regt sich etwas in mir. Soll ich jetzt den Kopf hängen lassen und nichts mehr unternehmen? Nein, Aufgeben kommt nicht in Frage! Dazu bin ich viel zu sehr verliebt. Ich werde mir jetzt überlegen, was ich tun kann, um Sebastian zurückzugewinnen, obwohl ich ihn gekränkt habe. Ich werde ihm sagen, dass ich gern mit ihm zusammen auf seiner

Wolke sitzen möchte. Dann kann er darüber nachdenken. Versuchen muss ich es wenigstens. Wenn er trotzdem nichts mehr mit mir zu tun haben will, kann ich immer noch trauern.
Ich lege mich aufs Bett, schaue an die Decke, atme tief ein und aus und ein und aus und schließe die Augen. Leise murmele ich vor mich hin: "Lippenstift und Stöckelschuh, gute Idee, los, flieg mir zu!"
Wer nicht reden kann, muss schreiben! Das ist die Idee, die mir nach wenigen Minuten zufliegt.
Ich hole die Mappe mit meinem schönsten Briefpapier aus der Schreibtischschublade. Rund um das Blatt windet sich eine Blätterranke mit kleinen Röschen. Ich stecke eine lila Patrone in meinen Füller und fange an zu schreiben.

Hi Sebastian

Nein, das ist viel zu neutral. Immerhin soll das der beste Liebesbrief überhaupt werden. Ich zerknülle das Blatt und hole ein neues aus der Mappe.

Dear Sebastian,
Right now I'd love to be sitting on a cloud with you. Is there still room for me up there? Or have you come back down to earth?

Das hört sich schon ganz gut an. Aber was schreibe ich noch? Ich grüble und grüble. Gar nicht so einfach, die richtigen Worte zu finden, um jemandem zu sagen, dass man ihn lieb hat.

I was so stupid and confused all the time. That's why I didn't realize that it was you who wrote me that wonderful letter. Now I know. And I'm so happy about it. I really like you too, Sebastian. I hope you'll give me another chance.

Soll ich das wirklich schreiben, oder ist das zu gewagt? Nein, ich beschließe, dass ich alle Worte so stehen lasse. Wenn Sebastian den Mut hatte, mir seinen Brief zu schreiben, dann werde ich jetzt auch nicht kneifen! Ich kaue auf meinem Füller herum. Was könnte ich noch schreiben? Ich habe noch nie einen Liebesbrief geschrieben. Was ich bis jetzt geschrieben habe, kommt mir so unromantisch vor. Ich versuche, meine Gefühle für Sebastian in Worte zu fassen. Und schlage einen Treffpunkt vor, so wie Sebastian in seinem Brief.

Am Ende lese ich meinen Brief nicht mehr durch, sondern stecke ihn einfach in einen Umschlag und klebe diesen fest zu. Sonst hätte mich vielleicht doch noch der Mut verlassen und ich hätte die Zeilen am Schluss nicht abgeschickt. So habe ich mir das nämlich vorgestellt: Ich schicke den Brief mit der Post. Dann kommt er bestimmt an. Vorsichtig lecke ich die Marke ab und klebe sie in die rechte obere Ecke des Briefumschlags. Eilig laufe ich zum Postkasten, der in der nächsten Straße an der Hauswand des Gemüsehändlers hängt, und werfe den Umschlag ein. Weg! Jetzt gibt es kein Zurück mehr. Nun kann ich nur noch abwarten und Tee trinken. Oder besser: Kiba.

Success!

Bei uns zu Hause gibt es weder Kirsch- noch Bananensaft. Ich habe schon die gesamte Küche danach durchsucht. Darum brühe ich mir eine Tasse Pfefferminztee auf und verziehe mich wieder in mein Zimmer. Vorsichtig halte ich die heiße Tasse mit beiden Händen fest und versuche, mich ganz aufs Teetrinken zu konzentrieren. Was natürlich nicht klappt. Ich kann an nichts anderes denken als an Sebastian und den Brief. Autsch! Etwas heißer Tee schwappt aus der Tasse und tropft auf meine Hand. Schnell stelle ich die Tasse auf meinen Schreibtisch. Dort steht mein Laptop und starrt mich an. Ich könnte nachsehen, ob Lucy sich gemeldet hat. Das ist viel besser, als Löcher in die Luft zu starren und zu warten, bis es morgen ist. Ich drücke auf den Startknopf und mein PC gibt mit leisem Geratter zu erkennen, dass er arbeitet.

From: lucy.starworld@schoolserver.nz
To: rika.frederika@interweb.de
Subject: Great news from New Zealand!

Hi Rika,
Guess what! I won second prize in the short film competition! Which means that I can go and visit a real film studio and watch them filming and everything. Isn't that **impressive**?! I'm so happy about it. The jury told

---
impressive beeindruckend

me that they liked the scene from Germany with the feet best! Now I know that I'm definitely going to be a famous director one day. Thank you so much for your brilliant scene. **I'm attaching** the complete film for you to watch. Have fun!
Lots of love from Lucy

Wow! Das ist wirklich großartig. Ich freue mich wie verrückt für Lucy. Der Film hat sie viel Mühe gekostet. Und alles ist bestimmt perfekt geworden, so wie ich Lucy kenne.
Ich lade mir den Film herunter und drücke auf *Play*. Was ich zu sehen bekomme, ist die witzigste Ablenkung, die ich mir nur wünschen kann. In der ersten Szene stellt Lucy sich vor. Dabei steht sie auf einem Stuhl und filmt sich selbst von unten. Das wirkt total unrealistisch und skurril. Dann folgen Szenen aus aller Welt. Ich staune nicht schlecht, als ich eine japanische Schülergruppe beim Sushi-Essen beobachten kann. Lucy hat alles Mögliche in ihrem Film untergebracht. In ihrem Begleittext lese ich:

I **proudly** present:
- a group of American cheerleaders testing new dance steps and looking pretty stupid
- a group of **Japanese** pupils in a **funky** sushi restaurant

---

to attach sth etw anhängen
proudly stolz
to test sth etw ausprobieren
Japanese japanisch
funky abgefahren

- two guys from **Australia free-climbing** over **building façades,** cars and other **obstacles**
- a **Portuguese** school class taking part in a kissing competition
- four seven-year-old kids from **Morocco staging** a **snail race**
- three boys from **Sweden** doing some **artistic stunts** on skateboards in an **enormous** halfpipe
- five **teens** from **Argentina dressing up** for a **model casting show**
- four walking feet from Germany

Ja, wirklich! Meine und Sebastians Füße beim Gehen! Ich bin begeistert und muss das Lucy natürlich auch sofort mitteilen.

From: rika.frederika@interweb.de
To: lucy.starworld@schoolserver.nz
Subject: Re: Great news from New Zealand!

Australia Australien
to free-climb freiklettern
building façade Gebäudefassade
obstacle Hindernis
Portuguese portugiesisch
Morocco Marokko
to stage sth etw veranstalten
snail race Schneckenrennen
Sweden Schweden
artistic artistisch
stunt waghalsiges Kunststück
enormous riesig
teen Teenager
Argentina Argentinien
to dress up sich in Schale werfen
model casting show Castingshow für Models

Hi Lucy,
Congratulations! Your film is **absolutely outstanding**! It's a **brilliant work of art**; you should have won the first prize! I hope you enjoy your day in the film studio, and I'm sure one day you'll be the most **renowned** film director ever. Can I have your autograph? ;-)
I've also got some **sensational news**. But I don't know yet whether it's good or bad. I was wrong about the writer of my letter. It wasn't Maximilian. It was Sebastian. He's Sarah's big brother. Do you remember him? You met him the last time you came to Germany. He has the most wonderful eyes I've ever seen. And he's the one whose feet you can see next to mine in the film I sent you. But **unfortunately** he's really angry with me. I made such a stupid mistake, talking to him about Maximilian. Guess what – I've just sent Sebastian a love letter. The first one I've ever written. I'm so nervous. Do you have a spell against **nervousness**?!
Sweet dreams, Rika

In Neuseeland ist es gerade mitten in der Nacht, darum erschrecke ich wirklich, als mich schon nach wenigen Minuten die Antwort auf meine Mail erreicht.

Congratulations! Gratuliere!
absolutely absolut
outstanding hervorragend
brilliant genial
work of art Kunstwerk
renowned berühmt
sensational news Sensationsmeldung
unfortunately leider
nervousness Nervosität

From: lucy.starworld@schoolserver.nz
To: rika.frederika@interweb.de
Subject: Re: Re: Great news from New Zealand!

Hi Rika,
I can't sleep because I'm still so excited about winning second prize – in case you're wondering why I'm answering your mail in the middle of the night! Thanks for believing in me. I promise **I'll dedicate** my first **full-length** movie **to** you!
Do you know what I just remembered? I was right! I told you that the writer of the letter was probably a famous film star. And you just told me that the other feet in your **clip** are Sebastian's. You see – I always know these things! And I know that your love story is going to have a happy ending. Trust me!
I think I'm finally starting to get tired. Must go to bed.
Love you, as always
Lucy

Ich muss augenblicklich losprusten und kann kaum wieder aufhören zu lachen. Sebastian ein Filmstar? Das war typisch Lucy! Aber wenn sie so überzeugt davon ist, dass meine Liebesgeschichte gut ausgehen wird, sollte ich es vielleicht auch sein. Jetzt werde ich auf alle Fälle erst einmal versuchen, gelassen abzuwarten. Und dazu werde ich meinen Tee trinken, der mittlerweile auf eine angenehme Temperatur abgekühlt ist.

---

full-length abendfüllend
to dedicate sth to sb jdm etw widmen
clip *hier:* Filmszene

Cloud Nine

Am Samstag stehe ich um acht Uhr auf dem Schulhof vor dem Brunnen, genau zu der Zeit, die Sebastian in seinem Liebesbrief vorgeschlagen hat. Allerdings war mir nicht ganz klar, ob er morgens oder abends meinte, und so hatte ich mich für acht Uhr am Morgen entschieden. Den ganzen Samstag bis zum Abend zu warten, hätte ich bestimmt nicht ausgehalten.
Ich sehe mich immer wieder um. Dann gehe ich einige Schritte um den Brunnen herum. In meinen Beinen laufen tausend Ameisen um die Wette und hindern mich daran stillzustehen. Meine Finger knete ich während des Gehens, weil ich nicht weiß, was ich mit meinen Händen sonst anstellen soll.
Gestern habe ich noch bis spät abends mit Sarah telefoniert. Sie hat dafür extra ein Treffen mit Tom abgesagt und gemeint, Tom habe natürlich Verständnis dafür, dass ihre beste Freundin sie jetzt dringend brauche. Außerdem hat sie mich noch ganz lieb von Tom gegrüßt und mir von ihm ausgerichtet: "Every cloud has a **silver lining**." Ein englisches Sprichwort, das so viel bedeutet wie: Jedes Unglück hat auch etwas Gutes.
Sarah hat mir geduldig zugehört. Und dann hat sie mir erzählt, dass Sebastian meinen Brief bekommen hat. Da war sie sich ganz sicher. Er hat am Donnerstag nach der Schule nämlich den Briefkasten geleert. Und an diesem Tag muss mein Brief angekommen sein. Aller-

---

silver lining Silberstreif

dings hat Sebastian nicht mit Sarah darüber gesprochen, darum wusste sie auch nicht mehr dazu zu sagen. Nur Mut konnte sie mir noch zureden. Und wieder zwischendurch von Tom schwärmen.
Gestern Abend konnte ich ewig nicht einschlafen. Eigentlich schlafe ich seit Mittwochnachmittag, als ich den Brief an Sebastian geschrieben habe, nicht mehr richtig. Heute früh bin ich ohne Wecker pünktlich um sechs aufgewacht. Mama und Papa habe ich gestern bereits vorgewarnt, dass ich heute sehr früh weg sein würde. Ich habe ihnen etwas von Überraschungsfrühstück und Brötchenholen vorgeflunkert. Da haben sich die beiden angesehen und sich angegrinst. So habe ich ihnen mit meiner Notlüge auch noch eine Freude gemacht. Auf keinen Fall darf ich nachher vergessen, beim Bäcker vorbeizugehen. Wie spät ist es eigentlich? Ich sehe nervös auf meine Armbanduhr. Drei Minuten nach acht. Ich sollte Geduld haben, aber das ist leichter gesagt als getan. Ich wandere wieder ein paar Schritte weiter um den Schulbrunnen. Da höre ich hinter mir Schritte. Meine Atmung funktioniert nur noch stoßweise. Trotzdem drehe ich mich nicht um. Dazu zittern meine Knie plötzlich viel zu sehr.
"There's still room for you on my cloud. We can sit up there together if you want", höre ich die schönste Stimme der Welt hinter mir.
Nun schaue ich mich doch vorsichtig um. Sebastian hält einen großen Wattebausch in der rechten Hand und streckt ihn mir entgegen. Ich nehme das flauschige Geschenk an und merke, dass auf der Rückseite der Watte ein Herz klebt. In Rot. Mit wunderbaren Worten:

A little present for you: a cloud, with my heart on it. And a **written reminder**, so that you don't **lose sight of** it again.
Sebastian (Ex-Mr XXX)

Mein Herz setzt ein paar Schläge aus. Ich versuche, etwas zu sagen, bringe aber kein Wort über die Lippen. Dann räuspere ich mich, um mich für das wunderschöne Geschenk zu bedanken, aber da legt er mir seinen rechten Zeigefinger auf die Lippen und sieht mir tief in die Augen. Und dann, endlich, ... ja, dann küssen wir uns. Nicht nur ein bisschen, sondern eine halbe Ewigkeit. Erst als mir ganz schwindelig davon wird, lösen wir uns langsam voneinander.
"Thank you for your heart. I promise to be careful with it!", flüstere ich Sebastian ins Ohr.
Genau in diesem Augenblick macht es mäh, mäh, mäh in meiner Hosentasche. Sofort schießt mir all mein Blut in den Kopf, sodass er rot wie eine Glühbirne leuchtet. Oh nein, wie unromantisch, denke ich und drücke hektisch den Klingelton meines Handys aus.
Aber Sebastian meint nur: "I guess that, with you, my life will never be boring", und fängt an zu lachen. Da lache ich mit. Und ich bin so wahnsinnig glücklich wie nie zuvor in meinem Leben. Dann nimmt mich Sebastian in den Arm und küsst mich wieder. Und wieder. Und wieder ...

---

written schriftlich
reminder Gedächtnisstütze
to lose sight of sth etw aus den Augen verlieren